青砥 恭
Aoto Yasushi

ドキュメント 高校中退

——いま、貧困がうまれる場所

ちくま新書

809

ドキュメント高校中退——いま、貧困がうまれる場所【目次】

第二章　中退した若者たちに聞く　

はじめに

高校中退者のほとんどは日本社会の最下層で生きる若者たちである。

八年前、二〇〇一年に発表した論文で、親の所得によって進学する高校が決まり、高校間の格差によって子どもたちの人生、生き方や文化さえも決まると主張した。しかし、そんな主張は当時はあまり受け入れられることはなかった。

日本の子どもの学力はなぜ低下したのか。子どもはなぜ荒れるのか。「市民道徳」をわきまえないような親がなぜ増えてきたのか。そういう学校の実態から、学校や教育が「崩壊」したといった言説が一時流行っていたが、問題の本質は学校崩壊ではなく、膨大な貧困層の登場だったのである。

一九九八年、私は、埼玉県の高校生約一二〇〇人を対象にアンケート調査を行なった（約五〇校を対象にし、一校一クラスずつ調査）。そのなかの回答の一つに強い衝撃を受けた。「（あなたは）親から期待されていると思うか」という質問にいわゆる「進学校」の生徒た

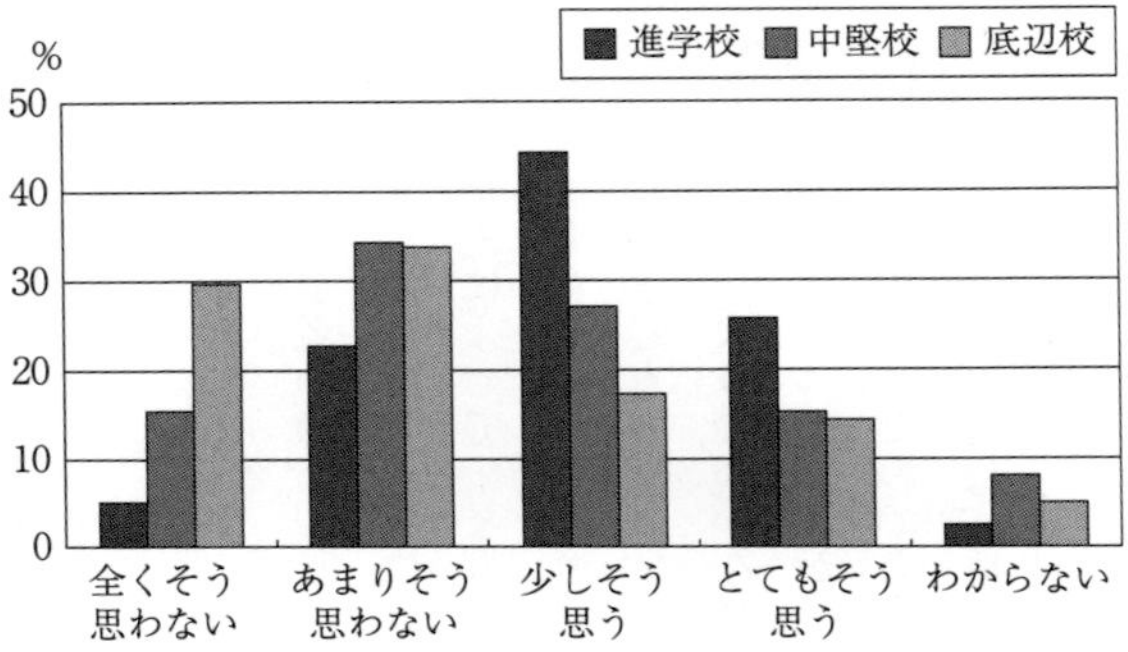

図1　あなたは親から期待されていると思うか？
さいたま教育文化研究所で1998年、原健司氏とともに調査

ちと「底辺校」の生徒では正反対の回答がされたのである（図1）。進学校の生徒のうち、「期待されている」と答えた生徒は七〇％、逆に底辺校の生徒たちの六〇％が「期待されていない」と答えていた。この結果に、私は「貧困は子どもへの期待や愛され方にまで格差をつくるのか」とショックを受けた。家庭の所得の差によって、愛や期待にまで差がついてしまうことへのいいようのない理不尽さを感じたのである。

期待されていない、愛されていないと感じる子どもが一生懸命、勉強しようとか、何か頑張ろうとか、人生を前向きに考えようとするだろうか。一九九八年のこのアンケート結果が、本書のテーマである「高校中退問題」を研究する出発点になり、高校中退に関する調査へと私を導いた。

†まったり少年たちの正体

夜遅く仕事帰りにコンビニに寄ると、一〇代かと思われる少年たちが店の前で何をやるでもなく、座り込んでしゃべったり、たばこを吸ったりして時を過ごしている。そんな「まったり」している光景を見たことはないだろうか。そのとき、「今時の若い奴らは」と舌打ちするか、「日本も少し危なくなったのかも」と考えたことはないだろうか。なかにはそんな若者たちが乗るバイクに追いかけられた経験があるかもしれない。また日中、私服を着て自転車に二人乗りしている一〇代の若者を見て、「なぜ、学校に行かないんだろう」といぶかしく思ったことはないだろうか。私もそういう光景を何度となく見たことがあって、同じような感想を持った。

十数年前から、その光景を見ているが、その頃は「まったり」している少年たちと貧困を結びつけて考えたことはなかった。その後、実施した聞き取り調査から、その「まったり」少年の多くは、高校を中退した若者たちであることがわかった。彼らには食事を作って温かく待っていてくれる家族も、学ぶ喜び、知る喜びを与えてくれる学校や教師も、悪さをすれば叱りとばすがいつも声をかけてくれる地域のおじさんおばさんもいない。サポーターがいない若者たちなのである。

このような社会から捨てられた若者たちが毎年、一〇万人程度生み出される。地方でも首都圏でも、都市の周縁部にはそんな若者たちが小さな群れをつくってひっそりと生きている。希望もなく、目的もなく、夢もなく、そしてそんな状態に自分たちを追い込んだ社会や政治を恨むこともなく生きている。しかし、社会は彼らを厄介者扱いし、優しくない。

では、そういう社会に対して彼らはどうして恨みも怒りも持たないのだろうか。私は、一種の「あきらめ」なのかもしれないと思っている。彼らの多くは生まれてから社会や家族の温かさを感じたことがほとんどない子どもたちだ。温かさを期待しなければ裏切られたという感情もおきないのだ。彼らは親の生き方をたどり、低年齢で子どもを産み、親たちと同じように貧困の中で子どもを育てている。そこで育った子どもたちもまた、同じように、いっそう厳しい貧困の中に沈んでいくのである。コンビニの前のまったり少年の多くは、豊かな生活の経験がないのである。将来の期待を抱けない若者たちから、彼らが置かれている現実への不満は出てこないだろう。

私が社会に見捨てられている若者たちから聞き取りをしていると、彼らからこんな声が聞こえてきた。

「とにかく毎日、食っていくだけでやっとなんだよ」

「おれは疲れた。何とかしてくれないか」

「この国なんておれには関係ねえよ」

「他人《ひと》のことなんてかまってられねえよ」

若い親たちからは
「毎日の飯がないのに、おれたちに何をしろって言うんだ」


日本社会に閉塞感が蔓延し、政治も経済もこの行き詰まりを打開する方策を示せてはいない。そんな状況で、将来のために投資するのであれば、未来の日本社会のために働いてくれる子どもたちに期待を込めて投資できないか。今こそ、若者たちが希望を持って生きることができる社会を作らなければならない。必要なのは、安定した社会づくりのために汗を流してくれる若者たちを育てることだ。社会のために働くことに生きがいを見いだす若者たちを育てることなしに、日本の未来はない。社会が決して見捨てないという姿勢を見せれば、必ずあの若者たちも社会のために働く一員となろう。

本著の役割は、高校を中退した若者たちの貧困の実態を伝えることだ。そして、それ以上に、日本社会の低層に沈んでいる若者たちの嘆き、うめき、悲しみ、なかなか聞こえてこない助けを求める声を、彼らに代わって社会に伝えることにある。

それは「私も人間として生きたい」「私のことを忘れないで」という声である。

私が出会った若者たちは社会から忘れられ、捨てられている多くの若者たちのほんの一部でしかない。家の中に引きこもっている若者がそのような思いを持っていることも多いだろう。公園で普通の若い母親として振る舞っている女性も、実は困窮している可能性がある。もしかしたら、生活保護も受けられず、ミルクも買えず、子どもを育てることをあきらめかけている母親かもしれないのだ。

高校中退した若者を含め、多くの子どもの貧困による問題を家族だけに押しつけてはいないだろうか。子どもの周囲で生きる人々、学校と教師はもちろん、保育士、保健師、地方自治体の職員は子どもの状況にもっと敏感になることが必要ではないか。貧困家庭と子どもにもっと手をさし伸ばすべきである。貧困の中で苦しむ子どもを救い出すには、学校と教育の力ではすでに限界がはっきりしている。最大の責任は政府にあることは当然だ。だからこそ、教育、労働、福祉が一体となった社会政策が必要である。子どもの貧困を生みだす中途退学、低学力、不登校も家族の貧困が最大の原因である。その解決策の手始めは、市町村自治体、保育所、児童相談所、学校など子どもに関係する機関が常に連携して、家族を支援することである。学校も教育だけ担当していればすむ状況ではなくなった。福祉的機能をもつことで、地域で困難を抱える親子をもれなく支援することが可能となろう。

日本の中間層の崩壊が顕著になってきている現在、いままで分厚い中間層を育成することによって、安定した社会形成に寄与してきた中等教育が危機に瀕している。その社会の危機の表れとして、高校中退はいま論じられるべき現象なのである。

＊本書に登場する人名はすべて仮名である。

第一部

高校中退の現実

底辺校に集中する高校中退

「底辺校」とはどのような高校なのだろうか。「進学校」といわれる高校とどこが違うのか。高校の授業内容は学習指導要領によって決められているのだが、二つのタイプの高校では生徒の目標や進路がまったく違う。だから、日頃の教育活動で、どこに重点を置くかも変わってくる。進学校の指導の中心は進学指導だし、底辺校は生活指導だ。

わかりやすくいうと、進学校の教師たちは、生徒が髪を染めていようがあまり関心はない。底辺校では毎日のように事件が発生し、今日はどこのクラスの誰それが謹慎処分になったとか、退学したという報告があり、日々、頭髪指導など生徒の生活の立て直しに追われている。教師たちが朝から校門に立って「学校の決まり」に従っているかどうかを判定する指導が繰り返される。もし、生徒たちが教師の指導に従わなくなり学校の秩序が崩されたら、取り返しがつかなくなるという恐怖感が多くの教師たちを支配している。そこに勤務する高校の教師たちの最大の関心事は、どうすれば事件が起きないか、生徒たちが

「おとなしく」授業を受けて帰ってくれるか、ということにつきる。生徒が授業の内容を理解したかどうかより、授業が平穏に行われたかどうかが大切なのである。

この二つのタイプの高校の学校文化とその価値観には大きな違いがある。進学校と底辺校の間には、とても同じ公立高校といえないほどの大きな溝があり、まったく別の教育機関だと断定してよいかもしれない。

二〇〇八年一二月に埼玉県の高校三年生一二〇〇名（五〇校 一校一クラス。地域、学力差、学校種が偏らないように学校を選んだ）を対象にした調査を行った。調査は一〇〇項目にもわたるが、「進学校」と「底辺校」との違いが明確になった。

「親はあなたの成績のことを気にかけているか」「親はあなたに期待しているか」「親は高い学歴を期待しているか」という問いに対して、いずれも同じような傾向が見られた。進学校（入学試験の点数が最も高いグループ—G１）から底辺校（入学試験の点数が最も低いグループ—G５）に近づくほど親の意識は低く、「高い学歴」に至っては、底辺校の生徒はほとんど「期待されていない」と答えている。

また進学校の生徒は親しい友人をほとんど校内で得ているが、底辺校に近づくほど校外からの友人が増えている。進学校の生徒の大部分は大学進学志向で、家族の文化も似通った生徒が集まり、校内の友人関係が濃くなっていくが、志向がまとまっていない底辺校の生徒たちは地域の学習から排除された若者たちとの間でグループをつくる。進学校以外の生徒たちは、三年生の一二月の受験期でも放課後のほとんどの時間をアルバイトに割くほど、アルバイトは生活の一部（ほとんど）になっている。

家庭の階層、資源にも大きな格差がある。進学校の生徒の父親の最終学歴は圧倒的に大学卒業者が多いのに対し、底辺校に近づくほど、高校中退・中学卒の割合が大きくなる（図2）。進学校の生徒の父親の職業は、会社員、公務員、教員が大半を占めるが、底辺校では技能職（運転手、大工など）が最も多く、父親がいない生徒も一五％おり、父親の仕事を知らないという生徒も一五％いる（図3）。これは本当に知らない場合もあるが、仕事が不安定で転々と職業を変えているか失業しているため、「知らない」と回答したのではないかと推測される。住居も進学校の生徒は九〇％が持ち家で、逆に底辺校の生徒は四五％以上が賃貸であった。

この調査をみると、底辺校の生徒ははじめから経済的にも不利な状況でスタートさせられていることがよくわかる。

また、すべての高校は入学試験の点数ごとに序列が決まっており、いま、定員割れする

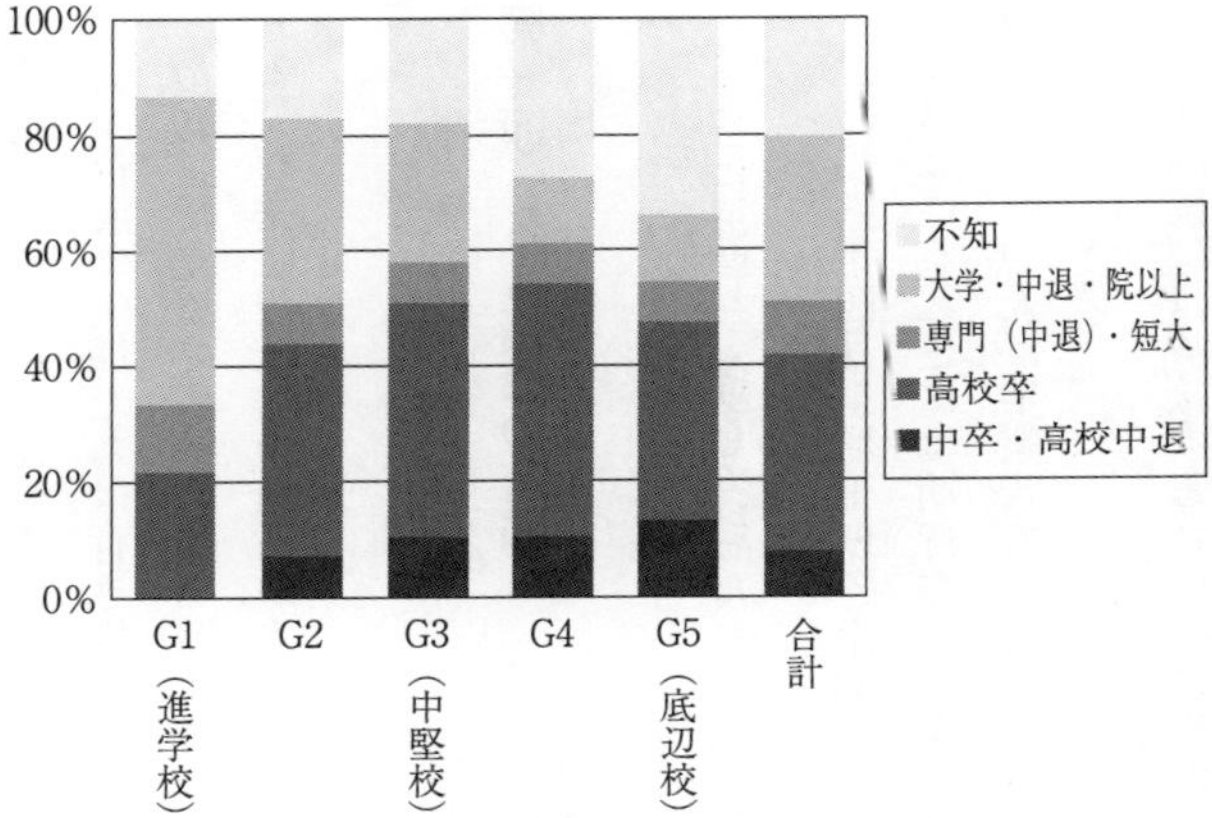

図 2　父親の学歴

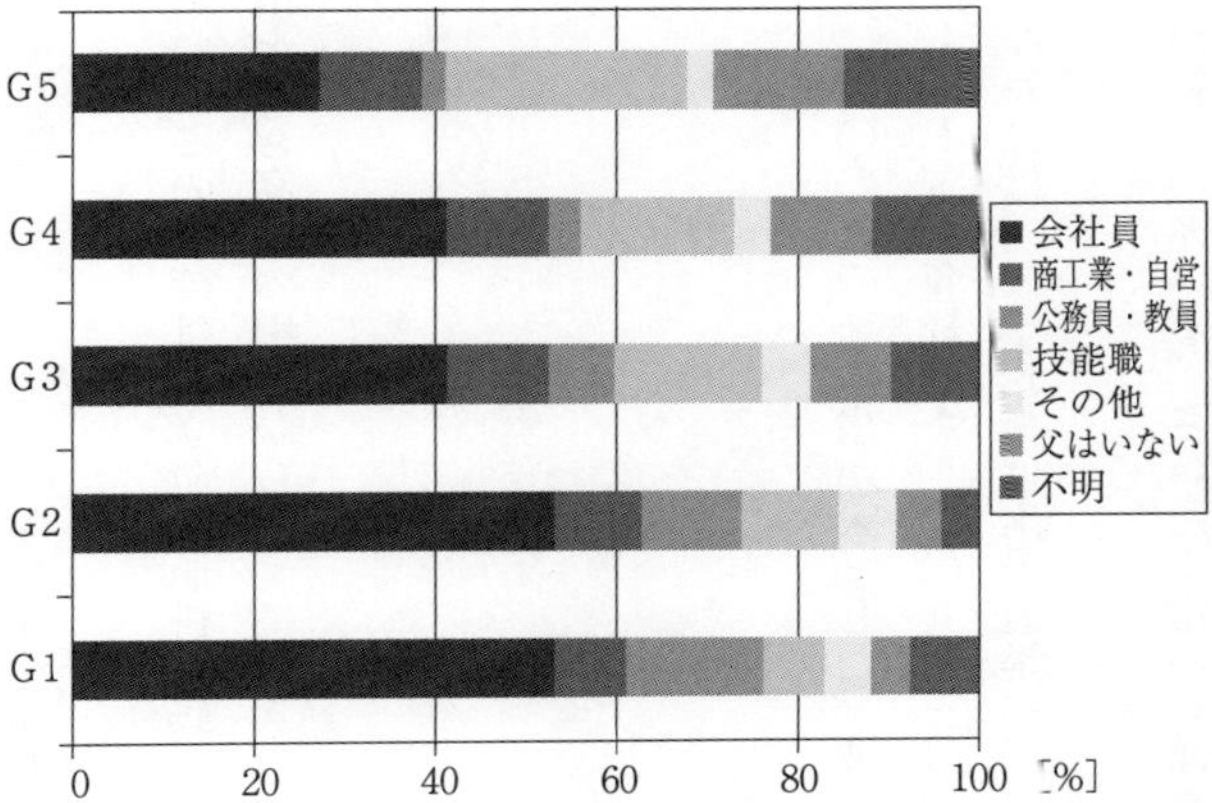

図 3　父親の職業

底辺校から廃校にする動きが全国的に広がっている。しかし、こういう学校をつぶせば、学力下位層の生徒たちは行き場を失うだろう。

最初に埼玉県の南部にあるＳＡ高校を紹介したい。この高校は県立の普通科の底辺校である。なぜ底辺校に中退者が多いのか、その理由をＳＡ高校の現状から探っていきたい。

第一節　ＳＡ高校の苦悩

†入学式だけ出席し、退学していった

二〇〇六年四月、埼玉県の南部にあるＳＡ高校に二〇〇人の新入生が入学した。彼らも、高校にはいるときには期待や夢が少しはあった。しかし、三年経った二〇〇九年三月、このうち、八〇人は卒業式の会場にはいなかった。なかには、入学式だけ出て退学していった生徒もいた。

ＳＡ高校には隣接するさいたま市からの入学者が約三〇％いる。さいたま市から通学す

る生徒のほとんどは電車とバスを乗り継いで通学しており、その交通費の負担が大きいこともあって、結局はその半分が中退していった。卒業まで間近となった高校三年の九月になって「家にお金がなくて、バスに乗れなくなったから学校に来れない」といってやめた生徒もいた。

SA高校では例年、一年生で退学する生徒が五〇人、二年生になってやめる生徒が二〇人ほどで、三年生でやめる生徒はさすがに少ない。だが二〇〇八年に入学した生徒たちは厳しく、一年生の間に六〇人程やめた。生徒が起こす事件も年間一〇〇件は超え、二日に一件は発生している。生徒たちはよほどストレスを貯めていたのだろう。

教師たちによると、生徒たちの家庭の経済状態は「年収が二〇〇万程度と思われる家庭が三分の一で、良くてもほとんどが四〇〇万位まで」である。日本の平均的な世帯（五七〇万円）とは大きな差があり、生徒のほとんどが生活保護程度しか収入がない世帯である。バイトが忙しくて学校に来られなくなる生徒も多く、なかには親に水商売をさせられている生徒もいる。家族の中で稼ぎ頭になっていて、バイトの給料をすべて親に持っていかれる生徒も少なくない。担任の教師たちは、親に授業料の減免を勧めるのだが、受け入れて申請書を出す親と、「そこまでは……」と躊躇する親と二つに分かれてしまう。書類を揃えることができない親もめずらしいことではない。ＳＡ高校の二〇〇人（二〇〇六年入学）の生徒のうち、授業料の滞納をしたことがある生徒は四〇人だった。そのうち、二七人が中退した。

†数を数えられない生徒たち

生徒の学力は驚くほど低い。この高校では、定員割れすると中学からの成績がオール一でも入学できる。高校入学まで、小学校低学年レベルの学力のままで放置されている生徒が相当数いる。そのため、教師は一から一〇〇まで数えさせるといった補習授業をするのである。順番に数えていけば数えることができても、では「五五の次はいくつ？」と聞くと、一〇％の生徒はできない。ＳＡ高校の生徒にとって数字の理解は三〇までで、それ以上の数を概念として理解することはむずかしいようだ。一円玉、五円玉、一〇円玉をいくつか出して、「全部でいくらになる？」と聞いてもわからない生徒もいる。「一五三二五は？」と聞いても、高校三年生になっても読むことすらままならない。

ＳＡ高校に一〇年近く勤務する渡辺教諭は、この学校の生徒の中には、ＬＤ（学習障害）のまま放置されて入学してきた生徒も少なくないのではないかという。「養護学校で適切な教育を受けた方が彼らを救えるかもしれない」と語るほど、事態は深刻で、しかも知的障害があると思われる生徒がいじめの対象にもなっている。

「ほとんどの生徒たちにとって、高校は社会に出る前の猶予期間にすぎないんです。だから、働きたくないし、勉強したくもない生徒たちにとって、時間がもらえる場なんだと思いますよ」

渡辺教諭は、SA高校の生徒にとっての学校の意味をこう説明してくれた。

教師たちが「君たちの仕事は勉強すること」と繰り返し話しても、生徒たちの反応は「先生、なんで?」「仕事はアルバイトだよ」といったもので、教師の意図は伝わらない。生活態度や学習についても何回、話してもほとんど聞いていない。「自分のことじゃあないからいいか」と考えているように見える。

三年生の渡辺教諭のクラスでは、生徒が全員揃った日は遠足以外ではたった一日だけだった。三〇人弱のクラスで毎朝、登校するのは十数人だ。一年間で平均すると一人あたり、四〇回程度は遅刻していることになる。毎日、欠席が五人で、遅刻が一〇人といった状態が続いている。

それでも大学に進学する生徒は毎年一〇人弱はいるが、進学率が低いのは必ずしも学力の問題だけではない。進学者が増えない最大の理由は親に経済力がないことだ。三年生の六月に開かれる三者面談のときに、進学希望ならお金を用意するように親に話すのだが、いざ受験が近くなったら、「お金を用意できないので進路を就職に変えたい」と申し出る生徒は毎年必ずいる。

真理恵さんという皆勤で卒業した生徒も、家庭の事情により進学をあきらめざるをえなかった一人だ。彼女は成績は優秀だったが、親に負担をかけられないと就職に進路を変えた。父親は内装関係の仕事をしていたが、全く仕事がなくなり、母親のパートでなんとか生活しているような状況だった。結局、授業料免除を受けられる専門学校に入学していったのがせめてもの救いだと渡辺教諭はいう。

†早くやめさせたい教師たち

渡辺教諭はSA高校に配属になる一〇年ほど前、埼玉県の西部のR職業高校で勤務していた。R高校もいわゆる底辺高校として地域で知られていた。R高校に勤めていた頃も、貧困など家庭環境に困難を抱えた生徒が多かった。農村地域にあったR高校は、学校の周辺地域から通ってくる生徒が多く、たとえ収入が二〇〇万円程度でも周囲に親戚などがいたり、自分の土地を持っていたりして、親が低収入でも何とか暮らしていた。またR高校の卒業生にはその頃、まだ就職口があった。時代状況が違うし、必ずしも希望通りではなかったが、卒業生の六〇％が就職していった。まだ卒業後の進路は保証されていたのである。

しかし、SA高校の多くの生徒は都市近郊の借家住まいで親戚も近くにおらず、孤立した親の少ない収入だけで暮らさなければならない。だからR高校以上に生徒の家庭の生活は苦しい。しかも、SA高校は、生徒にとって心地良い空間になっておらず、生徒たちには将来の目標もなかった。そのような環境では、それほどとも思えない困難でも耐える力がつかない。何か目標がある生徒は、様々な困難を耐え、卒業することができるが、目標のない生徒は、早々に見切りをつけてやめていく。学校側も面倒を起こす生徒が早くやめると助かる。そのように考える教員が増えると、一人がやめれば他の生徒に感染して次々にやめていくというような「中退文化」が教員のなかにも蔓延する。

渡辺教諭もSA高校に赴任した頃は、生徒を切りたがる教員に強い違和感があって、職員会議などの場で「やめさせよう」という意見に「それはおかしい」と反対していた。しかし、最近は「早くやめてくれれば……」という教員たちの気持ちが理解できるようになった。問題を抱えた生徒が多すぎてとても対応ができないのだ。問題が次々に起きて、学校では生徒と話す余裕がどんどんなくなっている。

多くの学校では、管理職は教育委員会からの評価を高めるために、少人数学習、選択制、コース制など新しい制度や実験校の実施を引き受けるが、少人数のクラス編成になっても教員の加配があるとは限らない。だから、一人当たりの授業時間も増え、会議を授業時間内に組み込むことができなくなる。それにともない、放課後の会議の時間や研修の時間も増えることになる。

SA高校でも同じことが起きている。火曜日は学年会、水曜日は生徒の情報交換会、木曜日は職員会議だ。放課後、会議が毎週定例で組まれていないのは月曜日と金曜日だけだが、不定期に校内の係や各委員会が開かれ、生徒が事件を起こせばその日も会議になる。事件が年間一〇〇件を超える状態では、その対応で月、金の放課後も生徒と過ごす時間をつくることはできない。生徒だけではまとまらない部活動を教員が援助しようとしても、その時間が会議のためになくなっている。せっかく部活動をやろうとした生徒たちも、部活が成立しなければ、やめていくのは自然である。

二〇〇九年の三月のある日、新入生のための説明会が開かれた。ある女子生徒（まだ中学生だ）のポケットにタバコが入っているのが見えた。注意したら、一緒にいた母親が「タバコを吸っているのは知っています」と何事もなかったかのように話していた。

その日は制服を採寸し、その場で制服代の支払いをさせる。教科書や靴類も同様にその日に購入させる。その場で清算させないと、買いにいかない生徒が必ずでるからである。

入学後三カ月経ち、しだいに生活習慣ができても、夏休みでたいていの生徒は元の状態に戻ってくる。髪の色もまた茶色になっている。この三カ月の努力はなんだったのか。夏休み中も、家庭に生徒を戻したくないと多くの教師たちは思わずにはいられない。

底辺校の教師たちはへとへとだ。その最大の理由はなかなか教育の成果が出ないからである。しかも、管理職は、学校が子どもの状況に適応したシステムかどうかより、教委からの指示をどうこなすかということに関心が集中している。行政からの支援もなく、毎日の徒労感と職場の連帯感のなさが底辺校の教師たちを疲れさせている。

第二節　C高校の問題

†九九ができない

関東地方の南部、自動車関連産業、電機産業などから構成される工業団地を背後に持つC高校はこの地域でも一、二の底辺校といわれている。二〇〇九年度、入試の競争倍率は県内でも最低グループの一つになった。入学者が定員に満たなければ定員が一杯になるまで、隣接する県からも、五％の入学を認めている。二〇〇三年度までは欠員募集や二次募集をすることはなかった。ところが、二〇〇四年度は県内受験者が少なく、隣接する県からの入学者が増えたが、そのほとんどは一年生の間に退学していった。

C高校がある町では、約一〇〇〇人の小・中学生のうち、一割は外国籍の生徒である。この工業団地で働くベトナム、ペルー、ブラジル、フィリピン、中国など外国籍の親をもつ子どもたちもC高校に入学してくる。最近、外国籍の生徒たちも富裕層と貧困層に分かれてきた。貧困層は、アパートに複数家族で一緒に住み、一〇人以上が同居するような生活をしている。日本語が話せない親も多く、塾で学ぶこともできず、学力的についていけない生徒が増えてきている。小・中学校を未就学の子どもも増えている。それに対して、富裕層は公立高校ではなく、近くの私立高校へ進学するケースも出てきている。

C高校では、二〇〇四年の入学試験の際、一〇人は面接試験を欠席しても入学することができた。そのなかには入学式すら出席しない生徒もいた。また二〇〇八年四月に入学した生徒のなかには、全教科で五点や七点しかとれなかった生徒でも合格した。その年には、中学から送られてきた調査書に何も記入されておらず、成績がまったくついていない生徒も何人かいた。C高校が中学に問い合わせをしても、中学からは「成績はありません」という返事が返ってくるだけである。その生徒たちは長期欠席だったり、定期試験を受けていないので成績がつかないのである。そのようにして入学した生徒たちだから、学力は困難を極めている。かけ算の九九が完全にできる生徒は、全生徒一六〇人中二〇人程度だ。他の段もあやしいものだが、とくに六と七の段はできない。そのため教師たちは分数計算や小数計算を教えることはしない。

†生活習慣の訓練がされていない

C高校には朝食どころか昼食もとっていない生徒が相当いる。なかには、隣の町にある児童養護施設の「D学園に行けば飯が食える」という噂が広がり、出かけて行って「何か、食べさせて」と食堂代わりにする生徒もいるほどである。

民間業者が運営する学食では、一番の売れ筋は一三〇円のポテトフライだ。安いのと油で腹持ちがするから人気があり、いつもこれには長蛇の列ができる。値段の高いメニューは売れない。うどん二五〇円、そば二五〇円、カレー三〇〇円、カツカレー三五〇円、弁当三五〇円、それらは四〇食以下しか売れない。学食にはないカップラーメンが、隣のゴルフ場の購買部で販売されている。学食より安いカップラーメンならC高校の生徒たちでも買える。校門から二分ほどの所にゴルフ場があり、外出は許可されていないが、食事がまともにとれない生徒が多すぎるので、教員たちは買いにいくのを見て見ぬふりをしている。

食生活以外でも、ふつうの生活を送ることはできていない。歯磨きをする習慣がなかったり、子どもの頃から虫歯ができても治療しなかったから、歯並びが悪かったり、前歯が溶けて、歯がなかったりする生徒も少なくない。歯医者に通う金がなく、親も子どもに関心がないからそのようなことが起こるのである。

二九〇〇〇円の体育着を買えない生徒、制服の下はほとんど裸同然の生徒、毎日、九九円ショップで、パスタ、うどん、パン類など粉ものだけを買って食べている生徒、洗濯したり、風呂に入る習慣をなくした生徒……。そういう貧しい子どもたちの家庭では、どこでも拾えるネコをよく飼っている。そのネコも排泄の習慣づけがされていないから、家の中や子どもたちの衣服にもそのにおいがついている。

このように、家庭の貧困は経済的な問題だけではない。食事をすること、歯を磨くこと、風呂にはいることという日常生活の基本がおかしくなっている。こんな家庭の状況も貧困といえるはずだ。これをどう改善するかも同時に考えていかなければならない。

日常生活の訓練ができていない生徒たちに、C高校では支援ではなく、規則による生活指導で対応している。それも非常に厳しいものだ。体育の時間は体育着に着替えなければ欠席扱いとなる。頭髪の指導も厳しく、髪の毛を染めて学校に来たり、エクステンションをつけて登校したら、そのまま帰宅させられる。その場合、授業は欠席扱いになる。ただでさえ、欠席が多い生徒がこういう指導でいっそう進級が厳しくなる。こんなことも原因となって、たびたび生徒や親と教員の間でトラブルが起きている。

底辺校での指導は授業中にケータイを使い出して困るというなまやさしいレベルではない。まず、廊下に座り込んでいる生徒を教室内に入れる。次に、教室で化粧している生徒に教科書をださせる。強圧的にやれば、そこで生徒との衝突を覚悟しなければならない。授業を始めるにも教員たちはエネルギーを相当使わなければならない。日常の生活も細かなことにひとつひとつ確認をとらなければ学校生活はすすまない。

C高校の教師は、今の学校のあり方は「究極の選択」だという。家庭に問題があり、次々に事件を起こす生徒を守るか、低学力でも学び直したいという生徒を守るかの選択を迫られている。現在の学校の実情からは両方、守ることは不可能である。「一人の生徒に一人の教師が必要」と思えるほど生徒たちは様々な困難を抱えて生きている。そのような生徒を数十名抱えて教師たちは孤立した戦いを強いられているように思える。C高校はこういう状況の中で後者の路線を選んだ。「厳しくしないと学校全体が無法地帯になる」というわけである。

他の底辺校と同様、中退者も多く、二〇〇八年四月にC高校に入学した生徒一五六人のうち、すでに四九人が退学した。一年生のあるクラスでは三〇人中一三人、と半数近い生徒が退学した。過去数年間、同じような状況が続いている。

†一年生の時に中退したある一クラス、一一人の生徒たち

C高校に二〇〇四年四月に入学し、一年生の間に中退していったあるクラスの一一人の様々な困難を見ていただきたい。ひとりの教師がこれだけの問題を抱えた生徒を担当していることを想像すると、先の究極の選択も納得せざるをえなくなる。

エリ

高校入学後、エリは男たちと遊んでふらふらしていた。学校に呼ばれた父も「こんな学校やめてしまえ」とそのときは怒鳴っていたが、学校にはあまり関心を持たなかった。まもなくエリは学校をやめた。

土建屋だった父は、その後資金繰りに行き詰まって、自殺した。家族はその保険金を食いつないで生活していた。母は再婚し、エリは、はじめは母親と義父と一緒に生活していたのだが、男から男へ渡り歩く生活が続き、それから行き先がわからなくなる。

愛とマリ

愛とマリは同じクラスの友だち同士だ。入学後まもなく、それぞれの男友達と一緒に、四人で暴力事件を起こした。授業の欠課時数がオーバーしていることもあって、一緒に退学した。その後、二人で都内のキャバクラに勤めながら暮らしているらしい。

拓也

拓也は母親と生活保護を受けながら市営住宅に住んでいた。高校入学後、母に男ができて、拓也は家にいられなくなった。そのため家を出て退学することになる。学校から母親に学年積立金などが返金されたが、送られた現金書留の封筒だけ家の外に捨ててあるのが発見された。

浩

高校を中退した後、近くの高校の定時制に転学したが、まもなく定時制も退学して、今は板金工をしている。浩の母親は二人の子どもを連れた男と再婚した。

智

中学ではほとんど休まなかったが、C高校に入学してから休みだした。友だちの亮介と一緒に同級生に対する暴力事件を起こしている。

宏一

自宅近くには別の高校があったが、そこには入れず、自転車で一時間半かけてC高校に通学していた。入学前、近くの町のスナックで殺人事件があり、中学生が関与した疑いがあると当時噂されていた。その噂にあがった中学生たちはC高校に入学したが、全員中退した。宏一はその一人だった。

将太

高校を中退した父のもと、父子家庭で育った。一年生の秋に教師が家庭訪問したら、家の中はぐちゃぐちゃでモノが散乱していた。父が二〇歳の女性と結婚し、二人の間に子どもが生まれた。そのため、将太は家に居づらくなって、一六歳で中退して熊谷のホストクラブで働き始めた。

真美

真美は母子家庭の三人姉妹の三女だ。中退後、子どもを産み、男と暮らしていたが今は別れている。県営住宅に住んでいて、母親はスナックで働いている。一番上の姉も近くのE高校を中退した。二番目の姉も真美と同じC高校を中退して、子どもが一人いるがすでに離婚している。真美(離婚、子一人)、次女(離婚、子一人)、長女、母親の六人で暮らしている。

洋子

洋子は新興宗教に加入しており、精神障害もあるようだ。一年の時にC高校を中退して結婚した。子どもが二人おり、農家の父と母、祖父母と一緒に暮らしている。今は洋子の兄の家族(夫婦と子二人)も実家に転がり込んでいるため、一一人が同居している。

順平

造園業を営む中卒の父と母と四人兄弟が彼の家族である。C高校に入学した年の秋、順平が教室でタバコを吸っているところを、教師に見つかり注意された。彼はそれで怒り始め、ロッカーをけって、そのまま職員室に乗り込み「こんな学校やめてやる」と叫んだ。そんな順平に教員も「やめるか、謹慎か、選べ」と怒鳴ると、順平はまた「やめてやる」と叫んで、そのまま学校からいなくなった。

中学の頃から頻繁に性行動を持っている生徒。父親が自殺し、死亡保険で食べている生徒。母親の再婚で義父と折り合いがつかず、家出した生徒。中退した後、一六歳からキャバクラ勤めをする生徒。母子家庭で母親に男ができて追い出された生徒。学力的に近くの高校には行けず、しかも金がなくて公共交通機関を使えず一時間半もかかって登校する生徒。中退後、ホストクラブで働いている生徒。姉妹でシングルマザーになった生徒。

重くて押しつぶされるような運命を背負った生徒が、この一クラスだけでもこれほどいるという現実をどのように受けとめればいいいか。中退していった子どもたちは誰からの支えもなく町に放り出された。

次に二〇〇八年度、C高校に在籍している生徒や、最近中退した生徒たちを取り上げる。これを見ると、先ほどのクラスの例が二〇〇四年度に偶然起きたものでないことが伝わるだろう。一五、六歳で家族からも学校からも社会からも支援がなく、生きていかなければならない若者たちがこれほどいる。

†二時間かけて養護施設から通学する

C高校があるこの地域には、児童養護施設D学園がある。腹をへらしたC高校の生徒が時々食事を求めて行く施設だ。施設からC高校までは歩くと二時間以上かかるが、歩いて通う生徒がいる。雅代である。彼女は県南の町の中学を卒業したが、中学一年の時に母親が亡くなり、中学三年の時に父親も亡くなった。その後、残る家族には養育が困難と判断されD学園で生活している。公立高校に在籍していれば一八歳まではD学園で暮らせるが、卒業したらそこから出なければならない。親がおらず兄弟親戚からの支えもない雅代は卒業したら居場所がない。卒業するまであと一年半の間に、雅代は仕事だけでなく、住む場所も探さなければならない。それは一〇代の若者には重すぎる試練だ。

雅代は、愛情に飢えていて、学校でも人の輪のなかに入りたがる。職員室が好きで、入り浸っている。教員間の話や生徒との話でもすぐに割り込もうとする。毎日、人と人との間でさまよいながら懸命に生きている。

†盗みをくり返す一年生

入学して間もない女子生徒六人が、窃盗や暴力を繰り返して警察に勾留された。高校入学以降、彼女たちは集団で、バイク、下着、化粧品などの万引きを繰り返していた。スーパーでバーベキューセットを万引きし、同じように万引きした食材を使って、河原に集まってバーベキューをして遊んでいた。その後、全員、逮捕されて勾留された。

また少年院に送られていた男子生徒が入学してきた。彼は、中学二年の頃に、夜中に徘徊していて警官にとがめられ、警官を殴って逮捕されたことがある。少年院を出たのは、中学三年二月の高校入試の前日だった。試験が終了した後、三月三一日まで再び少年院へ収容され、四月からC高校に入学した。しかし、夏休みにはタバコを吸ったり、教師を殴ったりして八月末には中退し、その後まもなく再び逮捕された。

†親に捨てられた子どもたち

美津夫は、中学での全教科が「成績なし」の生徒だ。父母の離婚で、美津夫と弟は父親の許に引き取られ、姉は母親の許に引き取られた。ところが、父親が仕事で転勤になり、兄弟二人も母に引き取られることになった。

美津夫が小学六年生の時、母親に新しい男ができた。しかし、新しい男と美津夫はうまくいかず、男は美津夫に暴力をふるうようになった。そのうち、美津夫が大きくなると対等な喧嘩になっていった。中学一年になって、母親が男と同居を始めると、美津夫は、自宅に帰ると男とけんかになるので、徐々に帰れなくなり、友だちの家を渡り歩くようになった。中学二年になると事態はいっそう悪化して、家に帰っても食事はなく、母親は美津夫を家に入れなくなった。

中学二年の二月、冬の寒い日に、あまりの空腹に家に帰ろうとしたが、家の玄関をたたいても、家の中に入れてもらえず、挙げ句の果てに、男が「不審者がいる」と警察を呼ぶ騒ぎにもなった。警察官も取り合ってくれないため、美津夫は自分で近くの児童相談所へ行って、「飯を食わせてください」と頼み、D学園へ送られることになった。

その後、母親は男と別れたが、美津夫を養育する気はなく、昼間は葬儀屋に勤め、夜は水商売をし、飲んで帰ってくる生活をしている。美津夫に教科書代も制服代も通学費も食費もいっさい出さないままだ。美津夫はアルバイトをして、なんとか生活している。

母親は美津夫を憎んでいるのではないかと、担任の野村教諭はいう。「いつやめさせても良いから、先生に任せるから」といって退学届を担任の教師に渡していた。

美津夫は小学校四年頃から家族で食事をしたことがなかった。いつも腹をすかせていたから、学校で友だちの弁当を盗んで食べるのが日常のことになっていた。「あっ、また美津夫がやった」と友だちもそれを許していたようだった。通学のために自転車を盗み、制服もなかったので先輩の制服を盗んだ。

教師を殴ったときも、タバコを吸って謹慎になったときも、母親は学校に来ることを拒否していた。一度だけ、母親が来校したときにも、「早く終わらせて!」と机を手でたたきはじめ、うんざりした教員がすぐに終わらせた。

いま、美津夫はあと一日でも休んだら退学という状況になっている。やめても彼には行き場がない。行き場がなくても退学させるのか、担任の野村教諭は悩みながらこういった。

「教師はこういう子が一人なら面倒を見られます。しかし、多すぎます。こういう学校の教師には社会福祉士の資格も必要なのかもしれませんね」

美津夫の他にも、「成績なし」で入学した一太という生徒がいた。一太はADHD（注意欠陥多動性障害）ではないかと思われている。一年生の一一月に進路模試があったが、名前の欄に「おれ」と書いただけで白紙で出した。自分の住所も覚えていないので、教員が代わって書いている。

小学校の頃から「クサイ、キモイ」などといじめられ、中学では、昼頃に学校に行って、給食を食べて、五時間目の授業だけ出て早退する生活を繰り返していた。

一太は親から子育てされずに育った。母子家庭だが、五歳から一〇歳までは母親が家を出ていて、祖父母に育てられていた。最近、戻ってきた母親とは感情的なしこりがあって、うまく関係を築けていない。喫煙や暴力で教員から指導された時に、母親のことを「罪ほろぼしだよ。いなかったんだから当然だろ、おまえ（担任）に何がわかるんだよ」と怒鳴っていた。そして、二〇〇九年の二月にC高校を中退していった。野村教諭が嘆くように、大人でも耐えられないような生活苦や学力面での困難を抱えた生徒がC高校にはたくさん入学してくる。

全国の同じような都市周縁部では高校中退はどのような状況なのか。

第三節　大阪の底辺校とその背景

大阪府の高校は中退者数・率とも全国で最も多い（表1）。なぜ、大阪では中退する生徒が多いのか。中退を生み出す大阪の高校の現状を二〇〇八年の秋から二〇〇九年の春にかけて調べた。

†半数が退学

大阪府立H高校は大阪市内のこの学区のなかでも最底辺校といわれる。通常六クラス二四〇人の入学者を募集しているが、二〇〇六、〇七、〇八年と三年続けて定員割れを起こしている。二〇〇八年度には、一次試験での充足率は七〇％しかなかった。二次募集でも入学生と留年生を併せて二二〇人にしか達せず、募集定員を充たすことは最後までなかった。学力の低い生徒が多いため、少人数編成の八クラス展開をしているので一クラスは二七、八名である。そこに、「籍のみ」といわれる生徒を加えて、三〇人ほどで新年度はスタートする。「籍のみ」生徒とは、まったく登校もせず、しかも授業料も払っていないので、学校側は切ることもできず、元の学年に名前＝籍だけ残してある生徒のことをいう。これも大阪の貧困がつくった現実の一つだ。

大阪府では二〇〇七年度、公立高校が従来の九学区から四学区に再編され、一つの学区の範囲が大幅に広がった結果、H高校へは以前より、遠くから通学してくる生徒も増えた。当然、通学費用や通学時間もかかる。

順位	都道府県名	中退者数(中退率)
1位	大阪府	7457人（3.4%）
2位	東京都	7212人（2.3%）
3位	神奈川県	4210人（2.2%）
4位	愛知県	3948人（2.1%）
5位	埼玉県	3778人（2.2%）
6位	兵庫県	3238人（2.2%）
7位	千葉県	3214人（2.1%）
8位	北海道	3149人（2.1%）
9位	福岡県	3100人（2.1%）
10位	静岡県	1962人（1.9%）

表1　中退者数が多い都道府県
文科省2007年度「児童生徒の問題行動等生徒指導上の諸問題に関する調査」(5) 中途退学の状況から作成

H高校では毎年、半数程度の生徒がやめていく。二〇〇八年三月に卒業した生徒は、入学した二一七人のうち一〇〇人ほどだった。二〇〇九年三月に卒業した生徒は一二五人（入学時は二〇五人）である。二〇〇八年度に入学した一年生は各クラス二七、八人いるのだが、三学期が終わる頃には各クラスとも一〇人以上は減る。まともに朝から登校する生徒はクラス平均一五、六人だ。入学式には出席したが、その日のうちにタバコを吸って停学になり、教室には一度も入らず退学した生徒もいた。

H高校で五割近くの生徒が中退する理由は、事件を起こして停学処分になった、授業への欠席時間が規定をオーバーした、学校がおもしろくないから行かなくなったなどさまざまだが、共通するのは学校で学ぶことに耐えられないことである。教師たちも、何とかしなくてはと学校行事を盛り上げるのに一生懸命だ。六月には体育大会を開催し、一一月の文化祭では、芝居や太鼓などで生徒の関心をもたせるために懸命に取り組む。しかし、外部の若者たちとの衝突事件の発生をおそれて、一般の市民や他校生への公開はできないのが教師たちにとっては辛い。やる気を見せる生徒も一部にはいるのだが、すべてのことに無気力な「底辺校文化」という大きな力に飲み込まれている。

なんとか三年間耐えて、卒業しても、その後の進路は、学校紹介の就職が三〇%、非正規・フリーター・アルバイトが四〇%。大学・短大・専門への進学が二〇%だ。卒業後に、どのような進路選択をするか、決められないまま卒業する生徒も多い。この進路状況だと卒業するのをあきらめてしまうのも仕方ないのかもしれない。

†三分の一の生徒が授業料の減免を申請

のちに詳しく説明するが、高校の授業料を免除もしくは減額することができる制度がある（授業料の減免）。生活の困窮具合によって、全額免除もしくは半額免除を受けることができるのである。

H高校で、二〇〇八年度、授業料の減免を受けている生徒数は、三年生で全額免除（全免）が四九人、半額免除（半免）が二一人。二年生で全免が三五人。一年生で全免が四七人、半免が七人いる。二〇〇八年は全免を一六六人が申請し、一三一人が認定され、九人が半免と認定された。授業料の減免認定に二六人も落ちたことになる。落とされた家庭には授業料を支払う経済力はない。

大阪府では二〇〇六年度から授業料減免の認定のハードルが高くなった。大阪府教育委員会の担当者によると、最近は、医療費や介護、障害などの個々の事情はいっさい考慮せずに、保護者の収入のみで機械的に減免の認定を決めている。課税額が一〇円でもあると認定されず、担当者ですらもっと生徒の家庭状況を聞くべきだと考えているようだ。

そのように減免認定のハードルが高くなると、減免を打ち切られた生徒たちのなかから授業料の未納者が大幅に増えてくる。H高校でも授業料未納者は、二〇〇八年度の入学生の約半分、一〇九人もいる。

授業料の未納者が増えて財政当局から厳しい指摘を受けている府教委は最近、授業料の徴収率を上げることに必死だ。半数近くの生徒が中退していくH高校では授業料を払っている生徒はクラスで七、八人しかいない。生徒の家庭の経済状況は厳しく、公立では全国で最も高額の授業料一四万四〇〇〇円（一年間）を払えない。

そのような経済状態だから、H高校のほとんどの教師は、修学旅行に行く寸前まで費用が納入できない生徒がいて、はらはらした経験をもつ。H高校の修学旅行先は、二〇〇六年は長野でスキー、〇七年は沖縄にいったが、〇八年はまたスキーになった。沖縄はH高校の生徒にとって費用がかかりすぎるからだ。私立高校では海外にいく高校もあるが、H高校から見れば夢のような話だ。

†二年生に進級は一二人

二〇〇八年度に入学した一年生で二年生に進級できたのは一一三人だった。残りは留年するか、退学することになる。楽しいはずの遠足に参加した生徒も一〇〇人ほどしかいなかった。真田教諭のクラスでは、二七人のうち、学年末考査を受けた生徒は一五人しかおらず、そのなかでも進級できるのは一二、三人である。

H高校の生徒の学力は年々落ち続けている。授業中も落ち着いて座っていられない生徒が増えている。授業を始める前に、生徒を教室に入れ、座らせることが教師たちの日々の仕事だ。当然、定期試験のレベルも易しくせざるをえない。たとえば一年生の世界史のテストは教科書の穴埋めで、問題の説明文の中に解答があり、それを読んで転記すればいいのだが、多くの生徒はそれすらできない。こういう生徒たちを「学力がない」と決めつけるのはたやすいが、それだけではなんの解決にもならない。はじめに、彼らの学ぶ意欲の喪失に対応しなければならない。しかし、これほど多くの問題をかかえた生徒に教師がどこまで援助できるだろうか。答えは簡単には見つけ出せない。真田教諭のクラスには、単車を五台も盗んだり、恐喝や傷害やひったくりを繰り返して鑑別所にいった生徒がいた。彼の「勉強してなんになるねん」という言葉をどう受け止め、どのようにして学ぶ意欲を起こさせるのか、悩みは尽きない。

アルバイトが生徒の生活時間の大部分を占めている。稼いだ金を家計に入れる生徒も多く、その金を当てにしながら暮らしている家族もいる。子どものアルバイトの収入がなければ暮らしていけない家族のもとで育った、彼らの幼少時代は悲惨な体験に満ちている。生活が貧しいために、なにかに感動するといった文化的な体験がない。本を読む、新聞を読むなど文字リテラシーを獲得する機会は家庭内にはほとんどなく、家の中ではテレビがお笑いタレントの大声を流し続けている。そのような状況では、家庭で学習体験をする機会もほとんどない。しかも、子どもの頃から学校や家庭でほめられた経験もなく、どうせ自分はバカだし、何もできない、そんな気持ちを懐いて育ってきた。教師たちからもアホカス呼ばわりを続けられ、すべてに意欲を失っている。したがって、教師や学校への不信感や反抗意識は大きくなっている。

†「定時制かY高校か、どちらか選べ」

Y高校も公立の最底辺校といわれている高校の一つだ。夜間の定時制にいくかY高校にするか迷った挙げ句、入学する生徒が多い。

教師が、生徒に「何でウチにきたんや？」と尋ねるとほとんどの生徒は「昼間ならどこでもええから来た」と答える。地元の中学校の教師たちには、Y高校なら誰でもいけると思われており、昼間の学校の「最後の砦」といわれている。入学試験の倍率は一・五倍あったのだが、数学〇点、英語〇点でも入学できている。

今回、話を聞くことができた大塚教諭は三年生（二〇〇六年度入学）を担任していた。

大塚教諭のクラスは三三人学級で、授業料の全額免除を受けている生徒が九人(そのうち六人がひとり親世帯)、半額免除を受けている生徒が一人いる。クラス全体で、母子世帯は一一人、父子世帯が一人いる。父母がおらず児童養護施設から通っている生徒も一人いる。一〇月になっても入学以降、授業料の未納が五人いて、五〇〇〇円の入学金をまだ払っていない生徒も一人。そんなクラスである。

Y高校の生徒の学力は、「高校生なのにどうして?」と思えるほどすさまじいものだ。数学の分数計算は、1/2+1/3など、分母の数が違えば、ほとんどの生徒ができない。九九も相当数の生徒が覚えていない。七の段になると三年生の大塚教諭のクラスでも三〇人中、数名しかできない。アルファベットすら書けないから英語なんてほど遠い。

また、就職などには有利な実習科目もあるが、実習服に着替えることを面倒くさがり、実習科目をいやがる。また、ガス溶接、危険物取り扱い、情報処理検定など技術検定も受験できる体制はあるのだが、そういう資格は就職に有利だと教師たちがいくら話しても、なかなか教師たちの気持ちは伝わらない。中学の教師や親から「高校ぐらい行っておけ」と説得され、いやいや入学した生徒が多く、そのような勉強がしたくてY高校に入学したのではないからだ。

大塚教諭のクラスは、毎朝、登校してくる生徒は三三人中五人ほどだ。下校する頃までには一五人ほど来て、合わせて二〇人にはなる。クラスに一応在籍しているが、残る一〇人はほとんど学校に来ず、大塚教諭も連絡をつけようがないため、どういう生活をしているか把握するのは難しい。

修学旅行に行く前に、学年の教員団で、普段、登校しない生徒を修学旅行に連れていくかどうか議論になった。「普段の授業に出ていない生徒を連れていくべきではない」という教師と「高校生活の最大の思い出なのだから全員連れていくべき」という教師に意見が分かれる。修学旅行に行かないという生徒の理由は、経済的な理由と友だちが行かないから参加しないというものが多く、実際に参加したのは三三人中二〇人にすぎなかった。

†退学するために入学金を払う生徒

吉原美紀は二〇〇六年四月にY高校に入学した。一年の後半から時々休んでいたが、二年になると、今まで以上に休みがちになって、卒業できる見込みはなくなっていた。二年生の後半に、「やめたい」という話を担任にすると、担任が事務に問い合わせ、授業料未納のままではやめられないといわれ、諸費用のうち、入学金など六〇〇〇〇円だけ退学するために自分で工面して、やめていった。入学金も授業料も退学するまで未払いだった。制服代や教科書代はやめる直前にバイト代で支払っていった。

美紀はトラック運転手の父と暮らしていた。実の母親とは幼い頃に別れたまま会ったことがなく、まったく記憶もない。父はその後再婚するが、この新しい母親もまもなく父の許を去っていった。ただ二人目の母親とは時々会う関係が続いている。

父親は美紀が高校に入学してから退学するまで、とうとう一度も学校には来なかった。もちろん授業料の減免手続きもしない。退学に関して連絡すると、父親は「それでやめられるんだったらありがたい」と話したという。

「やめたいけどやめられないという状況で、しかも父親は全く学校にも来ず、最後には自分で退学するための金を払ってやめていって、かわいそうでした。気の強い子だけどどういう気持ちだったのか、想像できないです」と担任の大塚教諭は語る。

中退してまもなく、美紀は子どもを産んだ。今、子どもと二人で暮らしている。

他に、大塚教諭のクラスには、杉山由佳という生徒がいる。両親はアルバイトとパートで生活は苦しいが、由佳は他人と接することができないからアルバイトもできない。人間関係をうまく築けない彼女ができるのは、人としゃべらなくてもできる工場勤務などだけだ。しかし、不況が続くいま、それもむずかしくなっている。

†高校生と性行動

生活が不安定なせいか、最近、Y高校でも妊娠する女生徒が多くなった。生徒たちの性行動は活発だが、避妊しようとしない生徒も多い。Y高校だけではなく、教室の中で他の生徒の目などほとんど気にとめないでキスしたり抱き合ったりしている生徒をよく見るようになったと底辺校の教師たちはいう。大塚教諭の隣のクラスでも二月に出産予定の生徒がいる。彼女はそれでも卒業するという。彼女と同じクラスに、二〇〇八年、二回中絶した生徒がいた。相手は大塚教諭のクラスの男子生徒だった。男子の両親が知人や勤め先から給料の前借りをして、中絶費用の十数万円を二回分支払った。

†生きていくだけでも必死な親たち

高校を中退していく生徒たちの親のなかには、ひとり親の家庭も少なくない。離婚した母親たちが働く場所もパート等の不安定雇用しかない。少しでも高い収入を求めて、夜は水商売に働きに出る母親も多い。毎日、昼働いた後、夜遅くまで店で客と飲み、体をこわして水商売すらできなくなり、いっそうの貧困へ落ちていく。こういうひとり親世帯の母親が増えている。

大塚教諭のクラスにも、そのような母親をもつ生徒が何人かいる。一人の母親はスナックのママさんになったが、うつ病になり経営が難しくなって、ガード下で居酒屋を始めていた。経験がものをいう水商売を選ぶ母親は多い。

そういった生活に陥っている親たちの最終学歴は中卒か高校中退であり、親たちは自分と同じ境遇になるに違いない子どもを育てていることになる。

担任の大塚教諭は次のように話す。

「私の学校には吉原さんや杉山さんの親のような方は多いです。親たちが共通していうのは、『学校はいつやめてもいいがとにかく金がかからないようにしてほしい』ということです。ただ、あの子たちは学校をやめたらいくとこはありません。就職もないし家でぶらしていてほとんどバイトもしません。今の日本社会にはあの子たちを受け入れるゆとりがないのでしょうか。やめない子たちも、学校で勉強したくて残っているのじゃない。行き場がないから学校に残っているのです」

†日本で最も高額な府立高校の授業料

大阪は中小企業の街であり、経済不況の影響は大きい。生活保護世帯が全国平均の約二倍、二〇〇九年春の完全失業率が五・三％で、全国平均四・〇％を一・三％も上回っている。全体的な貧困化の中で、府立高校では、二〇〇五年度で、四人に一人の生徒が授業料の減免を受けている。これは全国平均の約三倍である。それでも、大阪府は府立高校の授業料を全国でもっとも高額の年間一四万四〇〇〇円（全国水準は一一万五二〇〇円）にし、二〇〇四年度からはクーラー使用料を年間五四〇〇円徴収することになった。クーラー使用料は減免措置がなく、未納者は授業料未納と同じ扱いになる。

H高校のところでも指摘したが、大阪府の授業料減免制度は、二〇〇六年度入学の一年生から新制度になった。新制度では、大阪府教委は減免の対象者を、「生活保護に準じる程度に困窮」から「住民税所得割非課税」にハードルを高くした。以降、二〇〇七年度に二年生、二〇〇八年度で三年生と順次、新制度に移行していった。この新制度になったのは、二〇〇五年に大阪府議会で減免制度がたたかれた結果だ。一部の不正受給者を理由に、生活保護や授業料の減免を受けている世帯、就学援助の受給世帯が攻撃のターゲットにな

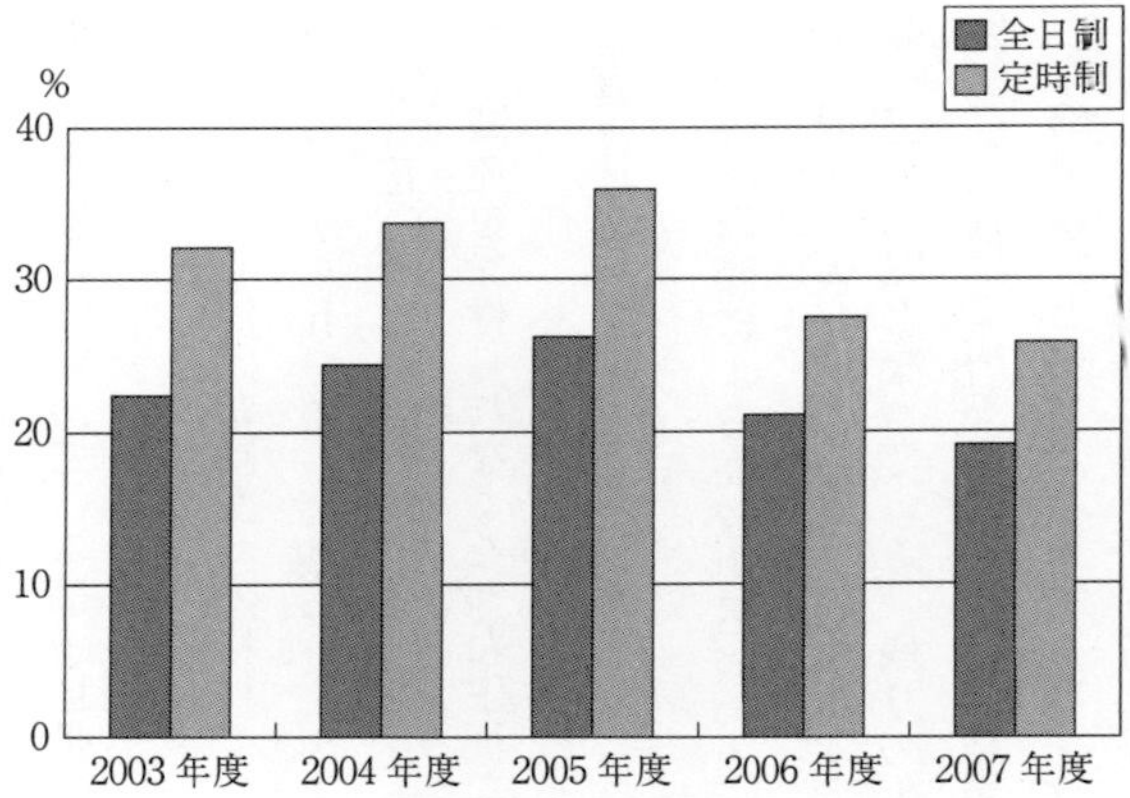

図 4　大阪府立高校の授業料減免率

大阪府教育委員会財務課資料から作成

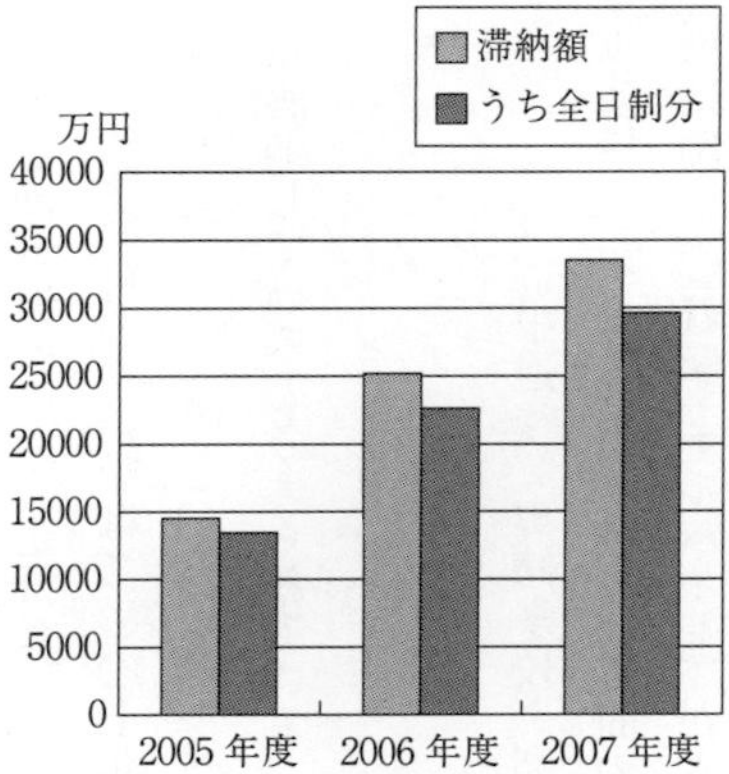

図 5　大阪府立高校での授業料未納額の推移

大阪府教育委員会財務課資料から作成

ったが、それらの世帯の暮らしぶりは本当に厳しい。子どもの着替えをバーゲンで探して、やっとの思いで買っている母子世帯の母親の心の中を想像することすらできなくなったのだろうか。

府立高校では、新制度への移行で、授業料減免を受ける生徒は全・定併せ、在籍生徒の四分の一から五分の一に減った(図4)。ところが、授業料の未納額は二〇〇七年度には三億三五〇〇万円になり、二〇〇五年度の二・三倍となった(図5)。ハードルが高くなり、減免を受けられなくなった生徒たちの多くが滞納していると考えられている。

†中退後はアルバイトなど非正規雇用へ

大阪府教委による高校中退後の追跡調査(表2)では、中退後、専修学校・高校再受験・大検受験(当時)など「学習継続」をする生徒は、二〇〇五年度から三年間の平均でも一三・七%となっている。残りの生徒たちは、「働く」(就職・アルバイト)が六三・四%、「その他」(病気・家事手伝い・結婚など)が二二・八%となっている。

「学習継続」というと、入学した学校・学科が自分の適性が合わないから転学するというイメージがあるが、実態は「学習」を継続する生徒は一割少々しかいないと思われる。高

	学習継続	働く	その他	計
2005年度	430人／14.3%	1894人／63.1% [24.8]	679人／22.6%	3003人
2006年度	385人／12.1%	2061人／64.5% [30.9]	748人／23.4%	3194人
2007年度	472人／14.8%	1996人／62.7% [20.4]	716人／22.5%	3184人

表2　2005年度から2007年度の府立高等学校（全日制課程）の退学後の動向

注：［　］は就職のうち常雇いの割合
「2007年度中の大阪府立高等学校（全日制課程）における中途退学及び不登校の状況」（大阪府教育委員会）より作成

校を中退することで、教育機会から排除されていることがこのデータから見えるだろう。
「働く」と答えた生徒も、男性は大工、土建業、左官、内装、清掃、警備などの日雇いだ。女性は販売業が多く、キャバクラなど水商売に就職する者も少なくない。表2をみると、就職のうち「常雇い」が平均二五％となっているが、私の聞き取り調査から考えると、実態は時間給のアルバイトに近い「名ばかり常雇い」ではないかと推測される。

†複雑な不登校の理由

二〇〇七年度の府立高校の不登校生徒数は四三〇〇人である。中退していく生徒とほぼ同数の生徒が、年間三〇日以上学校を欠席する不登校である。全国の小・中学校で毎年一二万〜一三万人の子どもたちが「登校しない、あるいは登校したくともできない」いわゆる不登校となっている。また、高校では二〇〇七年度、全国で約五万三〇〇〇人の生徒が不登校である。

図6によると、大阪府立高校の不登校の原因は一位が「無気力」三二・三％（全国二七・六％）、二位が「あそび・非行」一七・一％（全国一一・八％）であった。「無気力」とは、「無気力でなんとなく登校しない、登校しないことへの罪悪感が少なく、迎えにいったり強く催促すると登校するが長続きしない」とされ、「あそび・非行」とは「遊ぶためや非行グループに入ったりして登校しない」とされている。

しかし、現場の学校では生徒の不登校をどの類型に入れればいいか、生活指導の担当者は迷いながら記入している。実際、衣食住がまともに備わっていない生徒が、学校生活や学習になじめないのは当たり前である。低学力で授業に全くついていけない生徒が、同じような非行グループをつくるのも、生きていくための当然の行動と考えられなくはない。そのような生徒たちをどの類型に入れればいいか、判断は難しい。しかも、親が経済的に困窮していても、それだけを不登校の原因と決めることはできない。しかし、先に述べたように、経済的貧困が子どもの意欲を奪っており、マイナスの相乗効果を発揮していることも事実である。

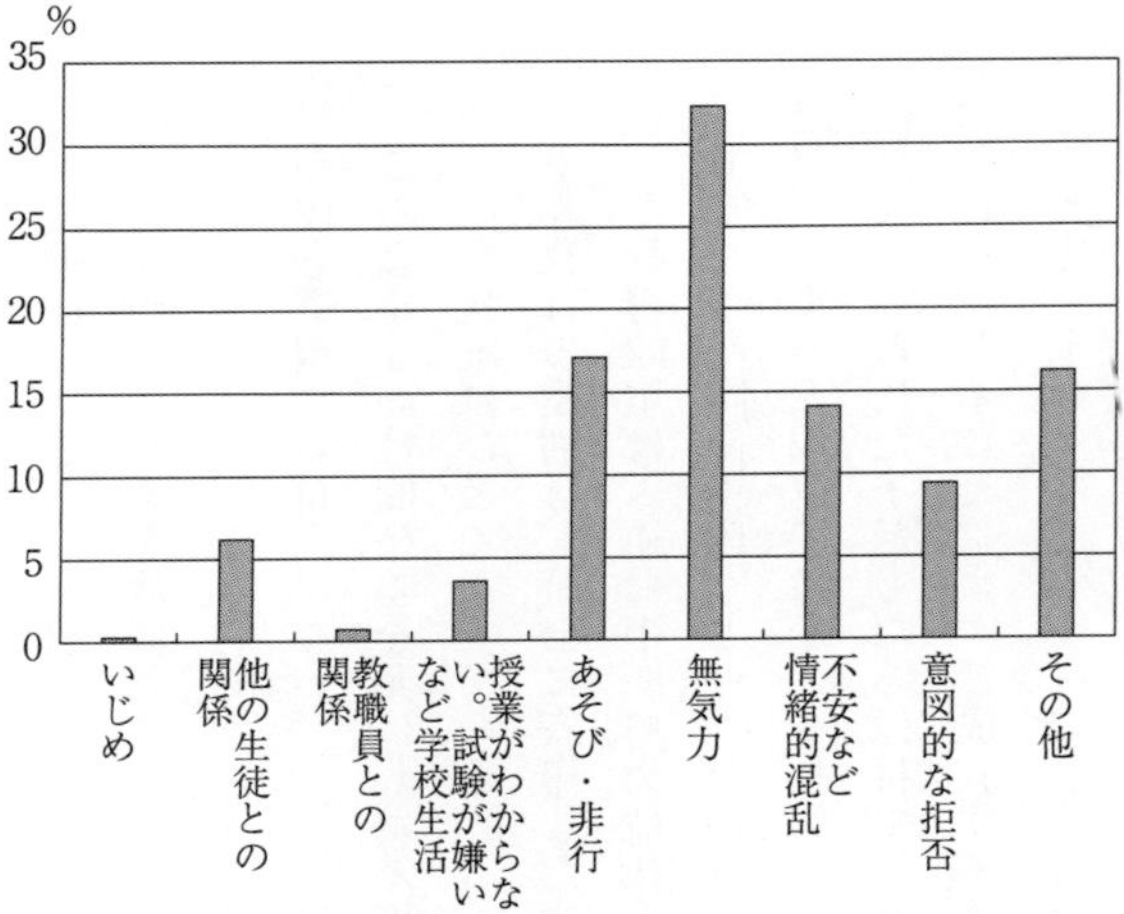

図6　不登校状態が継続している理由（2007年度大阪府立高校）
「2007年度中の大阪府立高等学校（全日制課程）における中途退学及び不登校の状況」（大阪府教育委員会）より作成

確実にいえるのは、高校で不登校を経験して、やめていく生徒は多いということである。また、後述するが、中学で不登校を経験した生徒の多くは、高校を中退しており、またそれらの生徒は底辺校に集中している。中学で不登校だった生徒が、底辺校に多いことは容易に推測できるだろう。

†高校中退と貧困の連鎖

中退していく生徒のほとんどは、社会的な排除を受けている貧困層が集中する底辺校の生徒である。また、底辺校では授業料の減免や滞納者が多い。

大阪には、学力下位層と貧困層の子ど

もたちが集中して入学する高校が多数存在する。そういった高校にとりあえず入学するが、いずれ中退し、さらに社会の底辺へと沈んでいくというパターンがシステム化している。教育行政がこの状態を放置しているとすれば、それは教育行政による差別といってよい。貧困層の親と子どもが「自らが選んで入学した」と、形だけを繕っていても、実態は彼らに高校を選択する自由はない。「そこにしかいけない」から底辺校に入学するのである。

このような高校間格差を元にした差別構造は長年放置され、最近の学区制の解消によりいっそう状況はひどくなっている。

中等教育の役割は、社会に安定した中間層を形成することだったが、現在の新自由主義化した教育政策は、逆に中間層の解体を進め、貧困層を拡大している。「教育は国家にとって安くつく防衛手段」といったのは、一八世紀のイギリスの政治家エドモンド・バークだが、いまの大阪府では子どもたちの貧困は主要な政策課題になっていない。社会全体で救われ、守られた子どもたちは将来、社会のために働き、尽くす大人に必ず育つ。教育とはそれを信じることによって成立する人間の営為である。

しかし、貧困の中で苦しんでいる子どもを放置し、今の日本のように、「自己責任」「受益者負担」だと突き放せば、その子どもたちの心の中に、社会に対する復讐心が生まれることはあっても、社会のために働こうなどという意識が生まれるはずもない。社会の分断は加速度を増していくことになるし、そのツケは将来の日本社会に大きな負担となる。

全国で公立高校の学区の拡大、学区の解消が進み、生徒の学力と親の所得を背景にした学校間格差がつくられ、底辺校に貧困層の子どもたちが囲い込まれている。

これまでは、主に高校の実態をみてきたが、次章からは現実に中退した、せざるをえなかった生徒たちの声を届けていきたい。その多くは私が聞き取りした内容をもとに作成している。

第二章　中退した若者たちに聞く

孝（二〇歳）――高校を中退したら仕事がなかった

孝は埼玉県の中部の町で生まれた。この町には、中小零細企業で働く労働者が多く住んでいる。昨今の不景気で、この町でも企業が倒産するなどで失業率も高く、小・中学校では就学援助を受けている家庭も多い。

孝の家族は祖父母と母の四人家族だ。父親は生まれたときからいない。母は工場でパートをしており、祖父は印刷工場、祖母もパートとして働いている。孝もアルバイトをしているので、家族全員が働いてなんとか生活できている。

中退のきっかけは一年生の三学期のテストに遅刻したことだ。テスト前に夜遊びをして、起きられず、テスト時間に間に合わなかった。中退したときはもともと高校なんて卒業しなくてもいいと思っていたので、それほど悔いはなかった。

夜遊びは中学二年の終わり頃から始まり、それ以降、習慣になっている。夜、コンビニの前でたまったり、自宅でタバコを吸いながら麻雀をしていた。中二の後半からは授業もさぼるようになり、友だちから「タバコ吸いに行こうぜ」と誘われたら、みんなで教室を出てタバコを吸った。友だちのなかには、原付バイクを盗んで警察に捕まったやつもいた。鑑別所に行った友だちは二人いたが、さすがに高校には入らなかった。

よくつるんでいた中学の同級生一〇人といっしょに、「この工業高校しか受からない」と中学の教師にいわれて、受験した。しかし、このとき入学したメンバーは後に、全員中退することになる。

孝は高校在学中からホームセンターと宅配便会社のS社でアルバイトをしていたが、中退してから、さらにいろいろなバイトを経験した。宅配、パチンコ、ケータイショップ、土木、タイル屋、内装など。今、孝はS社の企業内派遣会社に雇われている。S社の社内で面接があったので、なぜ派遣会社を通して同じ会社に働いているのかよくわからなかった。派遣社員はこの支店だけで三〇人ぐらいいる。

仕事の内容は、S社の荷物の仕分けだ。週四日、午後七時から夜中一二時まで働いて週給三万五〇〇〇円から四万円くらいである。それ以外にも、午前一〇時から午後六時まで、S社の下請け会社で梱包作業の仕事をしている。この二つの仕事を合わせて、一カ月で二〇万円ほどになり、そのうち、五万円は家に入れている。

S社から社員にならないかという誘いがあったが断った。社員になったところで、仕事はきつくなるが給料は変わらない。それに派遣社員から正社員になった人はみな退職している。そんな現実を見ているとその気にはなれない。この会社で退職が多いのは、上司がむやみやたらと叱責するからだ。みんなうんざりしている。お客さんからのクレームも多く、その対応などでみんな疲れているのか、精神的に病んでいる社員も多い。

それ以外にも、S社の下請けの梱包屋が正社員にしてくれるという話もあって、今、その社員になろうかと考えている。ただ、この下請けの会社には従業員はおらず、社長と奥さんとバイトの孝の三人の会社である。

社長と奥さんはなんとか細々と暮らしているようだ。S社に比べれば、精神的に追い詰められることもないが、それでもS社の下請けだから、これから自分はどうなっていくのか不安だ。

＊　＊　＊　＊

二〇〇八年の夏のある日曜日の午後、埼玉県中部の駅前の喫茶店で孝と会った。孝は取材をした若者たちの中でただ一人、祖父母の所有のものだが車に乗ってやってきた。すらっと背の高い好青年で、仕事のこと、社会のこと、将来のことについて実に的確に答えてくれた。

——世の中でどういう存在だと思う？

中退だけどバイトしているだけニートよりいいですよ。ニートにはなりたくないですね。金もできないし、親に迷惑かけるだけだから。まだ、世の中のことを絶望はしていません。がんばったら何とかなると思います。ただ、がんばらないといけないとは思っているんですが……。

中学の時のまじめな奴らは大学へ行っています。おれらみたいな不良はあまり事件起こしませんね。すぐ社会のことがわかりますから。学校でいじめられてひねくれた奴が事件を起こすんです。おれみたいに社会に出ると、いじめごときで切れていても仕方がないと思うようになりました。

とにかく今は手に職をつけたいと思いますね。そうでないと昼間に働いている会社みたいなとこしか仕事がないですから。

——今の世の中のことをどう思っている?

新聞やテレビで、今の世の中の若い人はだめだとか、すぐ刺すとか、親を殺すとかいわれてますが、自分は切れたことないです。今の世の中では、政治家は本当にうざい。高齢者はかわいそうですよ。将来、自分たちは年金をもらえないと思いますね。今でも大変なのにもっと厳しくなったらダメでしょうね。

その後の数回の電話での取材に対しても、嫌がらず丁寧に応えてくれた。孝は、父親はいないが、母親と祖父母と一緒に暮らしていて、生活がなんとか安定していることが、人格的な穏やかさを保っている理由なのだろう。

†もう一度学校に

孝は、チャンスがあればもう一度、通信でよいから高校に行きたいといっていた。祖母や母からもいわれるが、やはり高校卒業資格は持っていた方が良いと思う。高卒の資格がないと、ほとんど仕事は見つからないし、専門学校に行こうと思っても高卒資格が必要だ。一緒に退学した友だちの半分は通信制高校へ編入した。他には保育の専門学校へ行ったり、美容室で働いていたり、いろいろだ。高校の時はとにかく、かったるくて、安易な選択をしてしまったが、社会に出ると高卒資格がないとまったく認められない。しかし、すべてやめてから気付いたことだが。

今、孝には彼女がいる。土日は彼女と遊んだり、テレビを見たりして過ごす。彼女は専門学校を出て、服飾関係で働いている。彼女からはけっこう刺激がある。将来は、結婚して一緒に暮らすかもしれないが、きちんと就職しないとそれも難しいと思う。

光太郎（二五歳）——将来の夢なんて、ない

結婚はしたいけど慎重になるよ。子どもができても責任が持てないし。離婚、自分が味わった経験をさせたくない。つらいよ。父親の優しさも知らないし。自分のようになるのはいやだ。

高校をやめたことには悔いがあるよ。高校卒業していたら、給料だってこんなに安くないだろうし。就職の機会だって増えているだろうしね。中卒で雇ってくれる所なんてあるか、知らないね。Y電気だって高卒なら入れる。それで、ぼくは高卒に負ける。もう一度、高校に三年行って資格取ろうかなって思ってる。高校を卒業していたら、もっと良い会社とか今より道がいくつもあったと思うし。ただ、振り返っても仕方ない。

今の仕事は続けない。保険もおかしいよ。別の世界があるかもしれない。期待しているんだ。とびや土方はもうしないし、そこには理想はない。自分を必要としている場所があれば働きたいんだけど……。

＊　＊　＊　＊

このように語ってくれた光太郎は埼玉県の北部の町で母親と二人で暮らしている。会うときはいつも自転車でやってくる。小柄な明るい青年でいろいろ話してくれる。彼はボウリングが大好きで相当な腕前らしい。女の子ではなく、おじさんボウラーたちといつも一緒にやっている。

入学したG高校は統廃合の対象になり、二〇〇九年の春閉校になった。開校時から地域では底辺校として、中学校で勉強につまずいた子どもたちが入学してくる学校だった。それでも、このG高校がなくなれば行き場を失う生徒がでることは間違いない。光太郎はこの高校に入学して驚いたことがある。先輩の話などから、もっと「いい加減な高校」だと思っていたが、思ったより「きちん」としていたのだ。できる子たちはパソコンや簿記を勉強しており、また校則が非常に厳しかったのである。だから、ついていけなかった。G高校には、学力が低い生徒だけではなく、中学から学校を休みがちな不登校の生徒も多く、高校に入っても不登校のままやめる生徒もいる。

彼が住む町には彼を入学させてくれる高校はなかった。そのため、G高校は遠く、自転車で四〇分かかった。埼玉県北部は冬は北風が強く、自転車通学にはつらい地域だ。埼玉県の県北地域はもともと学校数が少ない。そこへ全県一学区になって、高校間の格差がいっそう大きくなり、光太郎のような学力下位層の生徒たちにとって近くで入学できる学校はなくなった。中学の時に通った塾から、「G高校なら卒業できる」といわれて入学し、最初は勉強するつもりだったが、友だちが次々に中退していなくなったら、光太郎も通う気持ちがだんだん失せていった。

遠かったから遅刻はしたけど、やめるまで欠席はなかった。課題（レポート）を出さなかったため、高校二年の三学期になって中退した。その頃には、同じ学科の二クラスで一〇人ほど退学していた。後から卒業するまでに二〇人ほど退学したと聞いた。

光太郎は子どもの頃から勉強が嫌だった。高校に行ってからも、そもそもやる気がないのに課題が多すぎた。二学期の後半になると「もういいや」という雰囲気でエネルギー切れだった。それまでに中退した友だちから「卒業しなくても就職できるぞ」っていわれていたため、「じゃあ、もういいか」と踏ん切れた。

†仕事は転々そして清掃業へ

光太郎は中退してから、初めは美容師をめざして、美容師の見習いをはじめたが、なかなか続かず、建築の仕事に移った。これにはやくざが絡んでいて二、三日でやめた。それからビルなどの清掃の仕事を四年ほどつづけた。清掃の仕事はきついし給料も安かった。「こんな仕事、高校出てたらやってない」と彼は語る。友だちの紹介で、働く場所がなかったから仕方なく入った。

「コンビニにも行った。だけど、レジが早くてできなかった。おつりを一回間違えたらクビになった。一回だよ」

清掃の仕事は毎日場所が変わる。清掃には二種類あった。月に何回かある定期清掃と、受け渡し前のビル、マンションを清掃する新築清掃だ。キャバクラの清掃にも行った。すっかり清掃のベテランになった光太郎は、清掃の手順を「簡単じゃあないんだ。清掃はフローリングをしてワックスがけ、研磨、塗る作業ときちんと決まっているんだ」とていねいに説明してくれた。

この仕事は下請けで、朝は四時に起きて自転車で社長の家に行って、そこで社長の車に乗って現場へ行く。いくら朝早くても残業代はつかない。定時は八時から五時までで、五時以降は残業になる。休みは週一日しかなかった。ゴンドラに乗るビル清掃もやった。社長からは「正社員」といわれて入社したが、日給で一日五〇〇〇円。給料は普段は一二、三万で、残業があっても一四万ほど。これではアルバイトと一緒だ。しかし、仕事がなければ仕方がない。

保険のこともよくわかっていなかった。「正社員」のはずなのに、怪我しても保険金はでなかった。よく元請けの人が「もっと社長には出してるぞっ」「親方ががめているんだ」といっていた。社長は都合の悪いことはいわない。命がけで月一〇万なんてところで働く人はほとんどいない。だれか入っても、すぐにやめていった。

昨年、社長と給料が安いと喧嘩をした。やめると告げると「後がまを探してからやめろ。俺の会社をつぶす気か」とどなられたが、それから、まもなく会社をやめた。

清掃の仕事をやめた後、母親に「すぐ働け」といわれ、二〇〇七年の秋からこの町の麺の製造会社で仕事を始めた。この会社でも、はじめに正社員として採用されたはずだが、時給だし、本当に正社員なのかどうかは、よくわからない。この会社では、役員以外、従業員は全員時給か日給だ。給料表には税金の明細は書かれていない。大体、一カ月に手取りで一五万ぐらいもらっている。それを今は、半分貯金して、半分小遣いにしている。ボーナスは一年間で二万円もらっている。健康保険は国保に加入しているようだ。

この会社には、母親の知り合いの紹介で入ったから、母親からは「私の顔をつぶさないで」といわれている。毎日、自転車で一〇分のところの工場に出かけている。仕事はラインに入って麺を茹でたり、生麺をこねて切って計量して袋に入れる仕事だったが、今は工場の清掃をしている。そこで、朝八時から夕方五時まで働く。日給はピンハネされていた前の会社と変わらない。残業無しで一二万から一三万。残業しても一五万ぐらいだ。職場の同僚は年配の女の人たちがほとんどで、話し相手はあまりいない。

孝と光太郎のように、中退した若者たちには、まともな仕事に就くチャンスがほとんどない。光太郎のように「正社員」として採用されても、日給や時給だったり、雇用保険や健康保険など社会保険に加入しているケースはほとんどない。やめても退職金もない。雇用条件は信じられないほど劣悪である。それどころか、最近はアルバイトでさえ、高校中退を理由に採用されないこともある。彼らの多くは、仕事に就くとき、その厳しい現実から高校中退の意味を知ることになる。

第一章でもふれたが、底辺校に集まってくるのは勉強ができず、この学校にしか入れないと「選別」された生徒たちだ。彼らの差別に対する感覚は鋭い。勉強もできず、学校にもなじめず、さらに「差別」され、それが暴力へと発展することもある。

敏生（一八歳）――暴力が止まらない

敏生は県立O工業高校に入学した。工業高校だから当然、職業と結びつく授業も多い。だが敏生がこの高校に入学したのは、この高校の専門性に興味を示したからではない。この高校の他の生徒と同じように、中学の担任に「お前の入れるところはあそこしかない」といわれたからだ。

敏生は他のクラスに行って、けんかを売ったり、買ったり、学校の中で、集団でリンチをするなど、学内の有名人だった。保健の授業の欠席時数がオーバーし、学校をやめてもよいかと思っていたが、高校ぐらい卒業しなかったら仕事がないことはわかっていた。入学して一年も経たないうちに暴力が度重なって、「これ以上、この学校にはおいておけない」と退学させられ、同じ高校の定時制に編入した。退学を迫られた時、定時制に行くかどうか、ずいぶん迷ったが結局は定時制に再入学した。

まだ昼間の高校にいた頃、一年生の時に三回、地元のスーパーで暴力をふるい、またバイクの二人乗りをして見つかったこともあった。敏生は自分のことを気が短いと思っている。「なめられて、逃げるのはいや」らしく、以前も、学校の食堂で目があった生徒の顔にジュースをぶっかけたりして、生徒指導の教師から「警告」を受けていた。

授業はわからなかったし、面白くなかった。授業中はしゃべるか、教室の外に出て行って、タバコを吸うこともよくあった。また校外に出て、コンビニで仲間としゃべったりした。

敏生のクラスは一年生の時には少人数クラス編成で二七人入学したが、二年までに二〇人がやめた。単位不足で落ちた生徒もいたし、学校に向いていない、学校が面白くないなどと、はっきりした理由なくやめていく生徒も多かった。

敏生は定時制に再入学後、昼間は先輩の紹介で手すりをつけたりする金物工になった。一日一万一〇〇〇円。ボーナスはない。学校が終わってから、夜の一二時から朝の五時までの夜勤や、二日間ぐらい寝ないで仕事したこともあり、一カ月に二〇万円の給料をもらうこともあった。二〇〇八年の九月からは塗装屋を週六回やった。時給八〇〇円で八時から五時までの仕事だ。それが終わってから学校へ行く。

定時制でも、二年上の上級生と喧嘩するなど問題を起こしすぎて、いられなくなりそうだ。

「ぼこぼこにしたことがあります。それで二週間、『職員室に居ろ』といわれて給食も職員室で食べていたことがありましたね」

そんな彼でも、最近、夢ができた。定時制を卒業して、電気工事士二級の資格を取得して、いとこの会社で四、五年働いて独立することだ。卒業すると一次試験が免除されるから、どうにかして卒業したいと思う。

「もう、けんかどころじゃあないですから」「夢があると違います」「もうやんちゃはしません」と前むきに語っていた。

敏生が勉強をしなくなったのは、小学生のころからだ。小学校四年か五年の頃からよく授業中も廊下で遊んでいた。授業中、黒板を見るのもいやだった。とにかく勉強が嫌いだった。幼稚園も算数、習字、バイオリンがあって、これですっかり勉強がいやになったのだと本人はいう。

小学校二、三年からすでに授業の内容がわからなくなっていた。中学ではほとんどの試験が〇点だった。中学の内申点は二〇以下だ。成績は全教科、一か二。それでも友だちもいたし、修学旅行にも行った。敏生の友だちになる子どもは成績は悪いやつが多く、敏生も勉強ができるやつとは友だちになりたくなかった。勉強する習慣はなく、九九はなんとかできるが、分数の計算は今でもわからない。しかし、勉強しなかったことを今は後悔している。弟が保育所に通っているが足し算ができるのをみて、「自分よりできるかもしれませんよ」と自嘲気味に語っていた。


関東地方南部にある駅の改札で待ち合わせて、近くのレストランで食事をしながら敏生に話を聞いた。会った時には、事前に聞いていた様子よりはるかに落ち着いて、言葉遣いも丁寧な青年だった。私は、敏生になぜ、暴力をふるうのか、聞いた。

「大人になって殴ったら刑務所だよ。にらまれて殴っていたらきりないよ」

「もうやりませんよ。最近、目標ができましたから暴力はもうやめます」

と話していた。

敏生にインタビューした翌日、知り合いの教師から、その日の午後、彼が事件を起こしたと聞いた。わずか一時間後に、友だちとバイクで出かけた公園で目があった若者を二人で殴ったり蹴ったりの暴行を加えたという。「もう、けんかどころじゃあありません」と話していたのに、一体、何があったのだろう。今度、暴力をふるったり、事件を起こすと学校にいられなくなる、といっていたのは敏生自身だ。彼には自制心は働かないのだろうか。一緒にやった友人は勾留中だ。敏生はまもなく学校に来なくなり、それから二週間ほどしたある日、警察に逮捕され、勾留されているという話を聞いた。

昌宏（一八歳）――ぼくは卒業できなかった

敏生が在籍していたO高校の卒業式が三月の初旬に行われた。この日に卒業したのは、二四〇人入学した生徒のうち一四〇人。一〇〇人が途中でいなくなった。ある学科は入学した八〇人のうち、五割の生徒が退学していた。

昌宏もつい最近、退学者の一人になった。彼は卒業間際の三年生の三学期、レポート提出ができなくて、卒業単位が足りず、退学して定時制へ移っていった。昌宏がこの高校に入ったのは敏生と同じように、中学の先生が「お前が入れるのはO工業だけ」といわれたからだ。O高校に入れば就職できるかもと思ったが、別に工業科に関心があったからではない。

小学校の低学年頃まではなんとか勉強できた。ところが四年生ぐらいになるとわからなくなった。小学校の教師たちがよく口にする「九、一〇歳の壁」という言葉がある。この言葉は、算数だと子どもが指を使ったり、おはじきの玉を使って、具体的に数えて「数」を現象的に認識する段階から、九、一〇歳になると、数や量が抽象的になり、概念的な思考が必要になる。学習を続けていくうえで、そこが大きな壁になるのである。それを簡単に乗り越える子どもとなかなかできない子どもがいる。家族に教えてくれる大人がいればまだ可能性があるが、そんなことを教えたりする環境がまったくない子どもだと、その壁は越えられない。ここに家庭資源の差が大きな格差として表出するのである。

小・中学校で不登校になる子どもや高校を中退する生徒の中には、この「九、一〇歳の壁」を越えられないまま、小学校を「卒業」し、中学を「卒業」し、高校に入学する生徒が非常に多い。

「知り合いに、O高校に行っていたことを話すだけでも後ろめたいのに、卒業できなかったなんて恥ずかしくて」。昌宏はO高校を卒業できないことが決まってからこう話す。

若者が自分の通った高校の名前を恥ずかしくて話せない。こういう思いを若者たちにさせている高校教育制度が全国にある。

O高校に入学してくる生徒のほとんどは学力最下位層の生徒たちである。この県の公立高校の入試では、前期入試は中学から送られてくる調査書が中心で、後期入試では入学試験の点数が中心になる。O高校に入ってくる生徒の調査書（五段階評価）の点数に三が付いている生徒はまれだ。平均が二でも余裕をもって合格できる。教科の評価がオール一、不登校の記録に三〇〇日とあっても合格している。

昌宏のクラスでは、後期入試で入学した生徒の七割が三〇日以上の不登校を経験していた。最近、中学では、教室には行けず保健室に登校する生徒も登校扱いをしている。なかには昼頃来て、給食だけ食べて帰る生徒もいる。

二〇〇九年の二月に行われた入学試験では、O高校の希望者が少なく定員割れした。そのときに「志願先変更」でO高校を受験した生徒は、全員がオール一だった。面接試験に欠席して受けなかった生徒もいたが、それでも全員が入学した。

こういう高校に転勤を希望する教員は少ない。だから、経験者が転出するとO高校に転勤して来るのは、例年、経験のない新任教員か臨時教員である。新任の教員たちの面倒もみながら、数少ないベテラン教師たちが、深刻な問題をもった生徒たちを世話をしなければならない。本当はひとりひとりの生徒にしっかり時間をかけなければならないが、この学校の教師たちにはそんな時間はない。

四〇代半ばの昌宏の両親は高校には行っていない。兄と姉がいるが、二五歳の姉は別の高校を中退して製本会社でバイトしている。家族で高校を出たのは兄だけだ。兄は卒業後、印刷会社の工場で正社員として働いている。父親は工場で働いていたが、リストラされ、今の仕事先も収入も昌宏は知らない。母親は弁当屋でパートとして働いており、昌宏も高校入学時からスーパーで働いた。彼の家は数年前に生活苦の中で借金をし、それが数百万円にふくれあがっている。それ以降、授業料の減免が続いていた。

O高校のようなだれでも入学できる高校は、進学校と比べ、あらゆる面で教育条件は悪い。入学した生徒のわずかながらのやる気すら刈り取ってしまうことがある。次の彰は入学した高校の文化に絶望し、徐々に気力を奪われ、中退したケースだ。

彰（一八歳）——こんな学校に入ったんだ

待ち合わせた駅の改札に彰はやってきた。小柄で短髪の穏やかそうな少年だ。彰は高校二年の終わりに県立J高校を退学した。午前中の一、二時間目にあった家庭科の出席時数が不足となり、三年に進級できなかったからだ。遅刻が多いと、一、二時間目の授業はどうしても出席時数が足りなくなる。なぜ遅刻ばかりしていたかというと、それほど大きな理由があったわけではない。ただ、家で寝ていただけだ。何となく夜遅くまでテレビを見たり、自分の部屋でゲームをしていた。夜、出歩くことはほとんどなかったし、シンナーやタバコは吸ったりしない。だから今でも中退した責任は自分自身にあって学校や先生に責任はないと思っている。

小学校の頃はまだ普通だったが、中学ではほとんど勉強したことがなかった。中学一年の頃は二〇〇人中一〇〇番くらいだったが、二年になると一五〇番になって、三年になると一九〇番に落ちていた。もう後ろにはほとんどいなかった。がっかりというか、「もうどうでもいいや」っていう感じになっていった。

「がんばろうというよりあきらめちゃうんですね」

自分はできない、と勉強はあきらめていた。とくに英語は全然わからなくて、ｂｅ動詞もまったくわからなかった。数学も方程式がわからない。わからないから、面白くないし、さらに中二の途中から学校には遅刻するようになった。

この高校に入学したのは、自分で希望したわけではない。中学の担任の先生から「お前はここしか行けるところがない」といわれて入った。入学したJ高校は思ったよりひどかった。入学式の時の校歌は、ブラスバンドの演奏ではなくテープが流れていた。卒業した中学ですらブラスバンドだったのに。そのとき「ああ、おれはこういう学校に入ったんだ」とがっかりした。それでも、高校に入学した直後は「このなかでもがんばろう」って思っていた。

中学の時は自分の成績より上の生徒もいたが、高校では下しかおらず、かなりショックを受けた。中学では頭のいいやつとも遊んでいて、自分が底辺にいるという感じはしなかった。

勉強も一年の一学期の頃まではできていたと思う。しかし、そのうち、また遅刻しがちの中学の頃の自分に戻っていた。勉強もできない、やる気もないから、楽な方へ楽な方へと歩みだし、気力が失せていった。中学の頃と同じだった。そのうち「学校へ行かなくてもだれにも迷惑はかからない。自分以外には」と思うようになった。

中退する間際、大工をしている父からは「学校はどうするんだ」「学校大丈夫か」と何回もいわれていた。とうとうやめる時には「最低でも高校だけは卒業しろ」「やめて一番困るのはおまえだ」と怒られた。

確かにその後のことは何も決めないで中退してしまった。高卒認定試験が一一月にあるから一応受けてみようと思っている。将来の夢なんかないし、考えたこともない。ただ今のガソリンスタンドのバイトは当分続けたいと思っている。ただこのバイトを一生やる気はない。

香、龍太、沙也加（二〇歳）――ポロポロとこぼれおちるようにやめていく

香と龍太と沙也加の三人は埼玉県の中部のU高校を中退した。三人は入学してからサークルが一緒で仲が良かった。だが、三人ともU高校を卒業することはなかった。最初にやめたのは香だ。高校二年の二月だった。沙也加が続いてやめた。香と付き合っていた龍太は二人がやめた後はほとんど学校にも行かず、卒業間際の三年の一一月にやめた。

クラスで一人がやめると、何人かが続いてやめる。それが卒業まであと少しでもあきらめてしまう。U高校で三人の担任だった佐藤教諭は次のように語る。

「生徒たちは、やめるとき、『もう少しがんばれよ』というと、『もういい』とみないって歯が抜けるようにやめていくんです。本当に、ポロポロと落ちていく感じです。みんな、ほとんど仕方なく高校に入っています。そういう気持ちで高校に入ってきますから、親しい友だちがいなくなるとやめていきます」

†妊娠をきっかけに高校中退

香は自宅が高校から歩いて通えるぐらい近かったが、よく遅刻していた。入学した頃はおもしろい友だちもいたが、二年生になって周りの友だちも変わっておもしろくなくなっていった。先生からは「単位やばいぞ」といわれてもいた。

高校二年の一月頃に妊娠して、すぐに流産するという事件が起きた。妊娠中は学校の保健室に通っていたら、同じクラスの生徒たちに「何であいつ保健室なんだ」っていわれたりして、妊娠の噂も広まって、クラスにもいづらくなっていた。そのうち、欠席時間数がオーバーして、留年も決まり、中退した。

香といつも一緒だった沙也加も同じように遅刻が多くて単位がとれなかった。担任の先生からは「保健がやばいから、あと一回休んだらあがれないよ」っていわれていたので、間に合うように学校に行っていたつもりだったが、ある朝、自転車がパンクして遅れた。それで、保健の出席時数が足りなくなって単位を落とし、留年が決まった。香もやめたし、三年にあがれなくなったら学校にいる意味はなかった。

沙也加は小学校のころから学校が好きじゃなかった。何とか高校に入ったが、勉強もいやだし、学校が嫌いなのは変わらなかった。

小学校の時も成績は悪くて、算数はかけ算が始まるころからわからなかった。小学校の三年になっても、九九が全部いえなかったから、先生に居残りをさせられていた。親は必死になって教えてくれたけど、その時の母親がすごく怖くて、よけいに勉強が嫌いになった。

中学もスタートは一緒で、最初は成績も同じだったけど、二学期になるとついていけなくなった。勉強の仕方もわからなくて、やっても飽きるし、そのうちに親も何もいわなくなった。周りにもまったく勉強しない子たちがいたし、「もう、いいや」という感じであきらめていた。

龍太は、高校二年になって香のところに入り浸っていた。香が中退してからは遅刻がいっそう増えて、三年になってからはほとんど学校には行かなかった。「もう、やめてもいいかな」って思い始めた頃、バイト先の人に「学校やめてうち来いよ」といわれたのをきっかけにやめた。スーパーのバイトを一年の夏からずっとやって、レジと食品青果を担当していた。やめたのは卒業間際の三年の一一月だった。翌年の春には、せっかく採用されたスーパーをやめた。その後はケータイショップ、スーパー、再びケータイショップ、倉庫内の作業、家の耐熱材の取り付けと仕事を転々としている。

今、龍太と香は二人でマンションを借りて暮らしている。家賃が七万一〇〇〇円もするマンションに暮らしていくのはたいへんだ。ただでさえ龍太は浪費癖があり、それが香の悩みの種になっている。しかも、二〇〇八年の暮れから、龍太たちのマンションに無職の龍太の兄が居候し始めた。兄は何も仕事をしておらず、自分の持ち物を売って食べていたが、そろそろ売る物がなくなっている。

龍太は以前勤めていた大宮のスーパーに戻り、開店前八時半に出勤して、食品を並べる仕事を始めた。朝が弱いので昼勤務にしてほしいと希望したが、通らなかったため二日でやめた。今はまた仕事を探しているがなかなか見つからない。

香は龍太が働いていたスーパーでレジ係としてアルバイトをしている。一三時から一八時まで働いて月額九万円。以前は昼から閉店までか、朝から夕方までといった形で残業含め一〇時間働けたが、主婦のパートがたくさんいるから最近は五時間しか働けない。スーパーの仕事が終わった後でも、働ける場所を探している。

二人は今、香のアルバイト代だけで生活しており、家賃などの支払いも滞っている。一日一食、九九円ショップのスパゲッティで過ごす日が続く。

＊　＊　＊　＊

――龍太は高校を中退して今、どんなことを考えている？

高卒でないと仕事がない。自分の場合はドコモショップにいきたいと思ったら、オレの方がショップ経験はあるし使えるはずなのに雇ってくれない。高校は義務になっていないけど、実際の社会を見ると義務に近くなっている気がする。行って出てこいって感じ。そこが自分的にはどうなのかなって思う。ぶっちゃけ、高校も義務でいいんじゃないって。中学より厳しくして義務でいいんじゃない。出ていて当たり前って言うのなら。そうすれば仕事の幅がなくなったって思う人もなくなって、好きな仕事ができるって思える。嫌な仕事をやっていたら続かない。そういうのも少なくなると思う。

——香はどう？

仕事をしたくないって人は別のこと考える必要あるけど、仕事したいのになかなか見つからないのはおかしいと思う。高校出ててもやめている人いるし、出てなくても続けている人いるし、うちのお兄ちゃんもそう。私らの学校も厳しくなくって、単位とかも口で注意する程度だった。若い子は調子に乗ったりして学校でタバコすったり行かなかったりがあったかと思う。先生ももっと厳しくしていいと思う。

やはり沙也加も仕事を転々としていた。二〇〇七年の一二月半ばに仕事をやめてから無職だ。中退してから今までレジや工場の清掃をしていた。派遣じゃなくアルバイトだった。ピクルスの工場や一〇〇円ショップ、ディスカウントショップなどで働いたが、ものを覚えることが多くてやめた。変な客に怒鳴られたり、「早くしろよ」といわれたり、まいった。

高校を中退すると雇ってくれる仕事の数はぐーんと減った。ほとんどの一〇〇円ショップでバイトとして雇うのは高卒か現役の高校生だけだ。だから高校の中退者には工場ぐらいしか働く場所はなくなる。

――沙也加は中退した後は仕事はあるの？

仕事がいいと思っても、入り口に「高卒」って書かれていて、ダメになることが多いです。高校を卒業したかどうかですごくハンディになります。それをすごく感じます。日本では、高校出ていっぱしって感じにできていて、そうでないと意欲あっても門前払いされちゃう。やりたい仕事は特にないんで、家からも近いし自転車で五分くらいで、何となく働いていていました。生活のために仕方がないです。

三人の元担任佐藤教諭は中退する生徒たちのことを次のように話してくれた。

「勉強も、アルファベットもわからないし、かけ算もままならないのに、高校の学習指導要領では強制ですから、三角関数の sin cos tan をやるんですよ。彼らには他に行き場がなくて、中学だけ出ても働き場はないですし、仕方なく高校へ来ているんですよ。

親も、高校だけは行けと言いますから、ほとんど仕方なく高校に入っています。高校へ行けば遊べると思っている生徒もいますが、高校はプレイルームではないですし、高校には決まりがありますから、勝手にさせるわけにはいかないです。そういう意識で高校に入ってきますから、親しい友だちがいなくなるとやめていきます。

ある生徒がやめると、次は誰がやめるかといつも思います。生徒たちは、つながりを求めてやめていくんです。学校に来ているときも、学校よりバイトですし、授業料の減免を受けても、ケータイは必ず持っています。だれかとつながっていないと寂しいんですよ。

私のクラスにもいじめがありました。ある生徒がひとりで教室にいると他の生徒は出て行くんです。トイレでも昇降口でも空き教室でもそういう状況がありますね。

うちの生徒たちは、行き場が無くて学校に来ているんです。かわいそうです。」

＊　＊　＊　＊

筆者も三人を見ていて、たしかに根気がないと思う。だが、三人から彼らのライフヒストリーを聞くと、この若者たちには生まれてから、「頑張ったからこんなに素晴らしいことがあるんだ」という体験や、「良くやったね」という子どもたちにとって、何より大切な「励まされたり」「ほめられたり」「次の目標を提示されたり」そんな体験がほとんどないのである。そういう喜びや感動を味わったことがないような若者たちに、「お前たちは根気がない。自分の人生に責任を持て」と責めてどうなるというのだろう。

隆（二〇歳）——厳しい高校

底辺校では、クラスを維持するために、厳しい校則によって生徒を規格商品のようにがんじがらめにすることがよくある。

本田隆は二〇〇八年の春、埼玉県の県立T高校の定時制を卒業した。今、埼玉県中部の衣料品スーパーでファミリー向け衣料品を販売している。身分はアルバイトだが社会保険には入っている。今の夢はこの会社の正社員になることだ。働いている店は卒業した定時制高校から近く、在学時は毎日、仕事をして夕方、五時二〇分のHRに間に合うように通学した。

隆は中学を卒業すると最初は私立S高校に入学したが、一年生の冬休みに県立T高校の定時制に編入した。

私立S高校に入ったのは将来、整体の仕事をしたかったからだ。しかし、私立はあまりに費用がかかりすぎた。それに、規則も厳しすぎて、やりたいこともできず、学校の雰囲気になじめなかった。とにかく、生徒のやる気を抑え込むような学校だった。校則は厳しく、ケータイは使用禁止というだけではなく、持っているのを見つかったら、ケータイの解約書をもってこいと教員がいうような学校だった。教員が廊下から教室内を始終見張っていた。

中学の時には柔道をしていて、将来はこの高校の上にある大学の医学系コースでリハビリを勉強しようと考えていた。それで、親から金を借りて、親の反対を押し切って入学した。S高校は共学だが、生徒の男女間の交流は禁止で、校舎は男女別棟になっていた。入学する前に気づくべきだとは思うが、入学してから「ちがうな、これは」「ほかにあるかも」と思うようになった。

一年生の二学期の途中から、もうS高校にはいかなくなった。他に通えそうな高校を探しているときに、中学の同級生に出会い、転学した定時制の高校を知った。最初から、この高校にくるんだったと今更ながら感じる。

いま一緒に住んでいるのは、母と弟と義理の父だ。母は以前、脳出血という大病を患ったので無理ができない。義父はトラック運転手で、朝五時に起きて、六時には出て行く。帰りは遅いから話はあまりしない。義父と隆の家族が一緒に住み始めたのは、中学の三年からだ。義父との関係も良くないが、それ以上に実父は酷かった。家で暴力をふるうので、それから逃げるために、小学校に入学して一週間で祖母の家に引っ越した。
「こんなもの食えるかってテレビであるでしょう、料理をひっくり返して。そういう場面をテレビで見たことがあるけど、父親はそんなことやってました」と隆は思い出しながら怒りを抑えた表情で話した。

祖母の家では、四畳半の部屋に母親と弟と隆の三人で部屋は狭かったが平和で仲良く暮らした。母の姉もいて、いろいろな所に連れて行ってくれて、かわいがってくれた。時々、実父が四時間も電話をかけ続けたり、真夜中に押しかけてきたりしたが、祖母が「その気はない」と追い返してくれた。母が裁判を起こして、やっとのことで離婚が成立した。父のDVや多くの精神的につらい体験が、母の病気の原因だったのではないかと隆は思う。

隆が小学三年生のときに、母親は再婚した。ところがこの義父にも隆たちは苦しめられる。「私立に金で入るんだったら出さないぞ」「おまえは、何やってんだ。五時に起きて走れ。できないんだったら家を出て行け」と訳のわからないことをいうような義父だ。二〇〇七年の大晦日には、とくに悪いことをしたわけでもないのに、いきなり義父に殴られた。前の父にも暴力を受けていたので、またこういうことをする人かと思うと涙が出た。だが、義父の収入で家族は食べているし、母は家にいるから逆らえない。だけど、父親って、それだけではないと思う。飯食わせる、それだけじゃあないと思う。

高校を中退した若者たちに聞き取りをしていると、父親や兄弟からDVの体験をもつ若者が非常に多いことに気づかされる。温かい家族に守られて育たなければならない子ども時代に、過酷な体験をした子どもの多さに驚かされる。父親などの暴力も、収入が途切れて生活苦や将来への不安など貧困が原因と見られるものも多かった。

また、暴力が子どもたちの成長、発達にどのような影響を与えるか、次のあゆみのケースは性的虐待を含んだ聞き取りをした中でもっとも辛いものだった。

あゆみ(二三歳)――ドメスティックバイオレンス

あゆみは関東地方南部の海辺の小さな町で生まれた。果物や稲作など農業が中心の町だ。家族は、父母、兄と妹が一人ずついる。父親は建設関係の会社の経営者で、地元で住宅の基礎工事、道路工事などを請け負っている。経営者といっても、従業員は数名で、自分では「土方」だといっている。母親は専業主婦だが父親の会社の事務も手伝う。父の会社は小さな会社だが、まだなんとか仕事があるようだ。

兄は子どもの頃から父の仕事を継ぐ気はないといっており、いま別な仕事をしている。妹は一八歳になるが、高校を留年して中退した。妹が留年するとき、親は学校に行くのを嫌がったので、やむなく親代わりであゆみが妹の高校に行った。

以前は景気が良くて、家計は何とかなっていて欲しいものは買ってもらえた。それで兄も留学することができた。しかし、今は不景気で、母親は従業員の給料を払うのに大変だと愚痴をこぼしている。

†兄と父の暴力

あゆみはとにかく家が嫌だった。その原因のひとつは兄の暴力だった。小学四年生ごろから両親がいない時に、枕を顔に乗せて上にのってくる。何度も死ぬかと思った。兄が荒れるのは日常的だった。頭から血が出るほど髪の毛を引っ張られて庭に連れていかれたりもした。

親に兄の暴力を訴えても、「そんなことやっていないぞ」という兄の言葉を信じてなにもしてくれない。車の中に閉じこめられて、死にそうになったこともある。灰皿で殴られたこともある。兄は一見、おとなしく真面目な感じで、家族以外からは、暴力をふるうなんて想像できないようなタイプだ。ところが「父さんの代わりに俺が教育してやるよ」と首を絞めたり、殴ったりしてくる。包丁やカッターナイフを持ってきて、ちらちらさせた時は、気が小さいから本気でやるとは思えなかったが恐ろしかった。

父親は昔ながらの田舎の男といった感じだ。普通の父親は、息子が娘にけがをさせたり、母親にけがをさせたりすると止めるだろうが、なにもしない。家のことはなにもしない父親だった。酒が好きで仕事を終えると五時頃から酒を飲み始めて、八時には寝てしまう。相談をしようにも、「夜ぐらい静かに飲ませろ」といって飲んで寝てしまう。

兄だけでなく、父の暴力も激しかった。小学五年の時、友達と午後一一時頃に帰ったら顔を殴られてあげくに頭も蹴られた。それからは顔をあわせるとすぐに殴ってくるから、父親の車がない時に家の中に入って、あるものを食べたり、持って出て行くようになった。

中学に入ってから、あゆみは好き勝手に男たちの中を渡り歩いていると、父親は想像していたようだ。あゆみが学校に行くとそのまま家に帰ってこないから、「死ね」といわれたこともある。そんな家庭だったから、あゆみは「高校に入学したら義務教育じゃあないから家にいなくてもいいんでしょう」といっそう自宅には帰らなくなった。

「怖くて家に帰れなかった。どうにもならなかった。お兄ちゃんにはやらせっ放しで」とあゆみは思い出しながら話す。

†家を逃れて非行へ

小学校六年生の時に自分でピアスの穴をあけたら、クラスの子たちに下駄箱に「ピアス女」などと手紙が入れられていじめられた。ピアスについて、母親は「何考えてるの」といっただけで、そんなに叱りはしなかった。あゆみは小学校六年生でピアスをつけ、髪の毛を茶髪にした。なぜ、小学生で茶髪にしたり、ピアスの穴を開けるという一見、派手な行動をしたのだろう。彼女にその理由を聞いた。

「なぜ、小学生の時から目立つ格好をして、酒を飲んだり、男たちと遊んだりするようになったの」

「中学に入学する直前、私は男に乱暴されてどうでもよくなってしまいました。それから、男との経験もありすぎて記憶にないことも多いです」

DVと性暴力が子どもをどのように壊してしまうか、そこに気がつかない親と感情的な摩擦が起きてしまい、子どもを守らなければならない家族が家族でなくなってしまったのである。

あゆみはそれから外泊も始める。小学六年から仲がいい子の家に泊まるようになった。最初は週一回、徐々に週二回、三回、連日とどんどん増えた。ピアスも茶髪も外泊も性暴力を受けた頃から始まった。

中学校には一年生の夏休みまで通った。一学期だけは成績はよかった。もともと勉強が嫌いな子どもではなかった。そのころ通っていた塾の先生は近くの進学校に行けといっていたぐらいだ。ただ、勉強を頑張ってしたのは中学入学までだ。中学では、いじめられていたけど、転校して来た女の子が仲良くしてくれた。その女の子は夜遊びが好きで、つきあっていたら、いっそう勉強なんてする気がなくなってしまった。友だちと一緒に男たちと居酒屋やスナックへ本格的に出かけて、酒を飲むようになった。酒はそのころの方が、今より強かったかもしれない。二〇歳ぐらいの男たちがスポンサーだった。中には体を求める男もいた。相当な中学生だったと思う。

家には帰りたくないので、中学生になっても外泊が続いた。着替えを取りに帰って、夕ごはんは友だちの家で食べていた。友だちの家は母子家庭で、経済的には楽じゃなかったが、その子の家から学校へ通っていた。

†高校では頑張ろうと思ったのだが

高校に入ったら心機一転して、遅刻しないで学校に行こうと思っていたが、五月まででそれ以降はダメだった。

あゆみは中退した原因は寝てたからだという。それは、夜中、車を持っている男たちとカラオケや酒を飲みにいって遊んでいて、明るくなるころに帰って、寝るという生活が続いたからだ。これでは学校が続くはずがなかった。

高校生になってからは実家の近くのそば屋でバイトして金を稼いでいた。仕事が終わったら、友だちとつまみを買って朝まで飲んでいた。学校に登校した日は朝から騒いでいた。学校では仲間の三人で固まっていて、あゆみたちの席だけは席替えがなく指定席だった。先生たちも怒らなかった。あきらめていたんだろうと思う。先生たちのいうことなど聞く気持ちもなかったし。

二年の九月には昼間の高校をやめて同じ高校の夜間定時制に編入した。昼間に少し工場でバイトをした。初めての肉体労働だったが、仕事の最中に何回かトイレに行ったら「もういいよ」ってクビになった。

その年の冬、中学校の時に転校して来たまきちゃんから「お水」の面接に行こうと誘われた。まだ一七歳だった。その店はノーピンクだったが一時間あたり一七〇〇円くれた。その店に入った動機は「お酒飲めるならいいか」という軽いものだった。店ではナンバーワンになったがやる気がなさそうに見えたらしく、「社長」って呼ばれていた。店が終わってからも毎晩、タクシーで繁華街に出かけて朝方まで酒を飲んでいた。だから稼いだ金はぜんぜんたまってない。当然、学校には行けなかったからまもなく定時制高校もやめた。

そのころ、別の友だちの子から東京にいこうと誘われ店をやめた。家を出るときに、親から「もう帰ってくるな」といわれて出た。東京では友だちの部屋に居候していた。コンビニや水商売で働いて暮らしていたが体調をくずして、しかたなく家に帰った。

「あゆみとは話をするな」と親からいわれていると、妹から聞いた。その夜、薬箱の中の薬を一杯飲んでお風呂に入ってリストカットをした。見つけられたときに母親が「死にたければほっとけばいい」と話しているのが聞こえた。手首もあまり深く切れなかった。

一八歳になって、隣の町の繁華街にあるキャバクラに勤めた。条件は二〇歳以上だったが働くことができた。ある夜、東京で知り合ったやくざだったと思われる不動産関係の男に、ラブホテルに連れて行かれた。男がスーツケースをあけたら何か薬らしいものが入っていて、その中からこれ弱いから飲んでみろといわれて、飲まされて危ない目にあったこともあった。

一九歳になり、違うキャバクラに移った。店が終わったら、以前と同じように近くの店に飲みに行っていた。ボトルキープして一人でも飲んでいた。そこでよく会う人とつきあってみたら暴力的な男でホテルで怒りだして暴れたり、車の運転席の下からピストルを出して、偽物じゃあないぞと脅かされたりした。その男の前の彼女は行方不明だと後から聞いた。それからは、その男から電話がかかってきても会わないようにしている。

そんなことが続いて、会社に入ってまともに社員として働きたいと思い、もう一度違う高校の定時制に入った。中卒じゃあ働きたくても仕事がない。バイトでも高卒以上になっている。母親には「勝手にやれば」と捨てられていたようだった。兄妹も「そう、いくんだ」という程度の反応だった。あゆみのことを心配してくれる家族はもういない。

＊　＊　＊　＊

——あなたの今までの人生を振りかえるとどう思う？

今までの自分の人生はドラマみたいな人生だね。今は定時制もやめて通信制の高校に通っているけど、学校はそんなに大変じゃあない。がんばろうっていう気持ちを支えているのは、子どもかな。高校は出ておきたい。なんでもいいけどとりあえず働きたい。高卒でも仕事はないのに中卒なんてどうしようもない。今は、できたら看護学校に行って看護師になりたいと思っている。子どもがいるから、准看でもいいから働きたい。子どもを育てるためには高校ぐらいでてなくっちゃあ。

この七、八年の人生って自分でもどうなんだろって思う。こんな体験はしない方がいいに決まってる。朝、起きて学校に行く。これが基本だと思う。だけどこんな経験をしたからいえることとかも知れないが、子どもが体験することじゃない。

――なぜお父さんや兄さんの暴力はあれほどひどかったと思う?

兄のひどい暴力の原因はストレスだと思う。彼は精神的に未熟で、人としての価値やプライドというものをはき違えていた。私に間違いを指摘されて、言い返す言葉がない時の暴力はいつもよりひどかった。父や兄の暴力の原因はそれだけではないと思う。家庭環境も影響したと思う。祖父もとても暴力的で、幼稚園児だった私を庭で蹴り飛ばしたこともあった。祖母に対するＤＶも日常的だった。私の父も頭に血が上ると暴力的だったから、兄にも影響が出ていると思う。兄は妹に対しての劣等感も強かったのだろう。兄の暴力は、やり始めてしまうと癖になって、毎日するようになったんだと思う。兄は父から手を挙げられたことは一度もない。母も黙って見ているか、見て見ぬ振りをしていた。

なぜ、高校を中退したのか、あゆみに聞いた時に、非常に冷静に自分の過去を考えていることに驚かされた。賢い二三歳の女性だった。なぜ、自分が家族ではなく、不良集団を選んだのか。自分の側にいてくれる人間たちを選んだのだ（もちろん客観的に見れば、守ることなどできないのだが）。あゆみのように、ある意味で「弱い」集団に帰属するしか生きていけない子どもたちが私たちの社会には大量にいる。

――なぜあなたは学校やめたんだろう？

私が学校をやめた最初のきっかけは不良グループと付き合ってしまったことだ。私には家庭内での居場所がないので、そちらに逃げてしまうのはあたり前だったと思う。平気で法律を犯す人、高校中退や中卒の人が私の周りでは、あたり前の世界だった。私にとって、親に縛られない人たちはとても魅力的だった。高校に入ってからの一年は、今でもいちばん楽しかった時期だな。小学生からの学校でのイジメや裏切りに加えて家族も信用できないような状態だったので、とても人間嫌いで友だちをたくさん作れるような性格じゃなく、親友が退学してしまってからの学校は辛かった。

私が退学した原因はやはり父だった。父は家になかなか帰らない私にお金を出したくない。「ドブに金を捨ててるようなものだから早く退学して出て行け。お前は人間のクズだ」とまでいわれていた。だから早く中退して働いて家を出たいという気持ちも強かった。

たかが十数年生きて来ただけで、世の中を知ったような気になって、退学して何が悪いんだ、と居直っていた。中退したからって人生損するとは思っていなかった。中退しても、将来は好きなことが見つかって、どんな職業にでも就けるし、収入もそれなりにあって上手くやっていけるんだと勘違いしていた。中にはそんな人もいるかもしれないが大半は無理だろう。何の基盤もない、我慢もできない、やりたい事も見つからないという人間が劇的に変わることは難しいと思う。そんなことが中退の原因ではないかと思う。

多くの高校中退者の家庭は様々な問題を抱えている。あゆみのケースは、親が子どもにあまり関心がなく、親もまた、暴力の中で生きてきたんだろうという推測が可能だ。しかし、これほどの暴力にさらされて育った子どもはどう育つのだろうか。家族に向けられた暴力もまた犯罪だということが理解されていない。あゆみのような暴力が吹き荒れる家庭の子どもたち、貧しく満足に食生活さえも保障されていない子どもたち、親から捨てられた子どもたち、そんな子どもたちが互いの家を転々としながら、社会の片隅で生きている。

＊　＊　＊　＊

父親の失職が家族を崩壊させ、貧困に導くことがある。失業で荒れる父の暴力が家族に向けられ、母親と子どもが父親の許から逃げていく。家族は崩壊し、いっそう貧しくなった母子家庭ができる。満足に食事も摂ることができないような家庭で、子どもは学ぶ場を失い、小中高と低学力から脱する機会も得られず、高校を中退し、いっそう貧困化するという、現在の私たちの社会が抱える貧困の連鎖が起きている。

亜矢（一八歳）――父も母も私もみんな中退

二〇〇七年の三月、高校一年が終わる頃、亜矢は東京都内のA高校を退学した。父も母も高校中退だった。今の義理の父も中退だ。今のところ、高校に通っているのは弟だけだが、その弟はいま不登校である。

小・中学校ではいじめられた。「天パーのおばさん」と陰でいわれていたのは辛かった。中学ではなんとか言い返す力がついて、少しは楽になったが、そのころには学校には行きたくないというより「めんどくさい」に変わっていた。中学三年から学校に行かなくなった。教室に入りたくなかった。そこにあるのは、くだらないいじめや陰口ばかりだ。みんなと一緒にされるのもイヤだったし、楽しくないのに笑うのもイヤだ。そのころ、サボってばかりだから、成績はダメだった。週の半分ぐらいサボって、昼間から一人でカラオケに行ったり街をふらついていた。

中学を卒業する前に、先生から「高校に行きたいならA高校かB高校か、どちらか選べ」といわれた。どうやら、この二つしか行けそうな学校はなかったようだ。

A高校は、友だちが解答用紙に名前とアンパンマンの絵を描いて合格するような高校だった。勉強は小学校ぐらいの頃からもう無理だったし、あきらめていた。中学では、数学と社会は一。国語は三、英語も三、家庭科は一か二。体育は一。サボってたから音楽も一。家で勉強した記憶はまったくなく、割り算など小学三年生の頃から説明してもらってもわからなかった。

授業の時、勉強がわからないので若い教師の授業妨害みたいなこともやった。めがねをかけている教師に「かたつむり」などとあだ名をつけたり、「きもい」とかいろいろ悪口もいい合った。そういう教師からは点数を引かれたりした。そんなこともあって、教師とはうまくいかなかった。とくに生活指導担当の体育教師には目をつけられていた。学校に行くと職員室に連れていかれて「化粧落とせ」と責められ、最後には「お前は消えろ」「学校くんな」とまでいわれたこともある。

退学した直接のきっかけは、「サボってデパートで遊んでいる」という噂がクラスの中に流されて傷ついたからだ。クラスでけんかも結構あって友だちもできなかった。高校に入ってもクラスの中の人間関係はぐちゃぐちゃだった。

一年間だけの高校生生活はマックの週三、四回のバイトで終わった。収入のほとんどは遊び代につかっていた。そんないい加減な高校生活でも、今考えると学校に行った方がよかったと思う。中退する時には義父と母には「おまえじゃ進級できないしやめたほうがいい」っていわれた。高校の先生が「いったん入ったんだからやり通せ」と止めてくれたのがうれしかった。

中退後、スーパーで週三日、午後一時から七時までの六時間、時給七八〇円で働いた。二〇〇八年の九月の収入は四万八〇〇〇円だった。遊び代とケータイ代と家から一銭ももらっていないから生活費もそれでまかなった。

†母の恋人はヤンキーだった

幼稚園の頃、母親は実父から気絶するほど殴られていた。父の暴力は日常的だった。幼稚園の年少クラスの時に、亜矢も「米をこぼした」といって殴られ、止めに入った母も殴られた。父は仕事がうまくいかなかったし、自由に使える金もなかったし、八つ当たりとしか思えなかった。

小学校の一年生の頃、母は亜矢と弟を連れて父から逃げた。そういう家族が何人もいる施設に小学校二年の夏までいた。その間、亜矢は学校に通っていない。施設を出てからは、母はパートをして生活していたが、それだけでは食べていけず、「恋人」をつくって補っていた。「恋人」はいろいろだった。おじさんもいたし、年下のヤンキー風の兄ちゃんもいた。小学校三年の頃、一カ月ほど一緒にいた「恋人」は三〇代前半で、やくざっぽい男だった。時々、ファミレスに食事に連れていってくれた。子どもながらにこの人に「お金出してもらうんだ」と思っていた。その人から誕生日プレゼントにゲームをもらったこともある。

当時、就学援助を受けていて給食費が免除されていたことも覚えている。その頃はアパートの一階に住んでいた。家の中には家具らしいものは何もなく、テーブルもないから段ボールの箱の上で食事をしていた。風呂やトイレはかびだらけの汚いアパートだった。ご飯はカップラーメンだけのこともよくあった。この頃、生活保護を受けていたらしい。

小学校四年の時に、母は義父との間に子どもができ、父とは正式に離婚した。その後、母は義父と再婚した。

今の家族は、母と義父、都立高校に通う高一の弟、義父と母との間に産まれた五歳の弟の五人家族だ。義父は左官の親方だ。義父と母は喧嘩が絶えず、たがいにののしる言葉がなくなると「死ね」っていい合う。中学の頃、義父は母に殴りかかって、逆に食器棚を倒してけがして血だらけになって自分で警察を呼んだことがある。亜矢も警察を三回呼んだが、お巡りさんは来てもすぐ帰る。なんかもうわかっているみたい。亜矢が泣きながらお巡りさんを呼んだが、義父がお巡りさんに「なんでもない」といったら、玄関が血だらけでも「そうですか」といって帰っていった。

義父と母の喧嘩をとめるたびに義父に突き飛ばされる。下の弟は「パパ」っていって泣いているし、上の弟は部屋に引きこもっている。多分、いやでたまらないのだろうと思う。二人の喧嘩を止めるために一年に三回は体を張る。止めるときには涙が出る。「やめなよ」っていって、体を二人の間にいれて止める。

母は最初の夫の暴力で精神的におかしくなっている。子どものおもちゃを取りあげたり、ヒステリーっぽくなっている。亜矢が子どもの頃から、蹴られたり、頭を叩かれたり、上に乗って髪をもって壁にぶつけられたこともあった。怪我したり、体にあざもできていた。それでも、学校の先生は気がつかなかったようだ。義父と同居するようになって上の弟は引きこもり、食事も自分の部屋で食べている。

†母は私じゃなくて男を選んだ

亜矢は一八歳になる二〇〇八年の夏頃、家を出ろと義父からいわれた。義父は亜矢のことを嫌っている。自分の思うとおりにならないからだ。「おまえがいるからこの家族はダメなんだ」とよくいわれている。ただ、出て行くなんて無理だ。「タダ飯を食わせる気はない」ともいわれる。

そんなことをいわれるぐらいだから、亜矢は家で夕食も摂れず、金がないときは食べないで寝ることもある。朝、母が下の弟を保育所に連れて行ったあとに、こっそりインスタントラーメンをつくって飢えをしのいでいる。母からも「金払え」といわれている。

義父は寮付きのところへ強制的に連れていくつもりらしい。義父はいつもは普通に話すけど、すこしこじれると誕生日には出ていく話を持ち出す。そのときは「またいってるよ」と思うけど、追い出されても行く場所がない。もう少し、勉強したいと思うことはあるが、定時制の話をしたら「自分で勝手にすれば」と母にいわれた。

亜矢の夢は人並みの暮らしをしたいということである。正社員になっても続かないだろうし、将来はアルバイトをして、お金を貯めて一人暮らしをしたい。友だちもいっぱい欲しい。今は少ないと思う。それは自分の性格が悪いし、自己中だし、変なことに意地を張るし喧嘩しても謝れないからだろう。

ここまでの話を聞いた数カ月後、亜矢の生活は大きく変わった。

二〇〇九年春になって、亜矢は二〇〇八年の秋からバイトをしていた弁当屋をやめ（半ばやめさせられ)、居酒屋の面接に出かけたが、不採用になって今は仕事がない。

そんな三月のある日の夕方、家に帰ったら、突然、家から閉め出された。亜矢の着替えなど私物が玄関先に出してあって、「帰ってこないでいい」と母親からいわれた。閉め出されたときはどうしたらいいかわからず、ドアの外で泣いた。

「母親は父から、私を出せといわれたんです。母親は私と男(義父)と比べて男をとったんですよ。これから、住むところもないし、どうやって生きていこうか。仕事も探さなくちゃ」と語る。

亜矢の母親は自分が生きていくのに、こんな選択をしたのだ。貧困と孤独の中で苦しむ女性たちはたくさんいる。しかし、孤立した母親が生きていくために、子どもを捨てるという選択をしないですむような、彼女らを支援する社会システムは日本社会にはほとんどない。

春菜(一八歳)——一〇代の出産

イギリスでは、子どもの貧困対策として、一〇代の出産をどう防ぐかという社会政策的課題を設定している。日本でも中学入学直後から性交渉をもち、一〇代での出産が増え、それが貧困の連鎖につながっていると指摘され始めている。ある埼玉県の中学の養護教員は若者たちのこのような性行動を今までの実感から次のように話す。

私の学校の女子生徒も彼氏ができるとセックスは必ずあります。女の子は望まないことも多いのですが、なかなかいやだといえませんね。いやだといった時には、暴力で強姦のように無理やりされることが多いようです。

しかも男の子は避妊しない。そんな望まない性交があっても、女の子は離れられませんね。男の子に殴られてセックスされても、男の子がやさしくなって、愛しているとかいわれて、その一瞬に酔うんですかね。この子と一緒にいて将来はどうなるかとか心配でも、後のことは目をつぶってしまうようですね。

埼玉県の南部の町に暮らしていた春菜も中学にはいるとまもなく性交渉が始まっている。彼女のような貧しい若者たちの多くが早く結婚したがる。逆に、そうしなければ生活できないのかもしれない。孤立するだけではなく、親など周囲からの支えもない状態で、生きることに恐怖感を抱く若者たちがどんどん増えている。貧しく孤立した若者たちが互いに依存しながら生きている。その依存が早すぎる性行動へとつながっている。

春菜は高校一年生の三学期からほとんど学校には通わなくなった。そのころ、同級生の彼氏ができて、彼氏と一緒に友達の家に居候して生活していた。その家には彼氏とその友だち、友だちの弟の四人が一緒に暮らしていた。自由な家で、みんなが勝手に出たり、入ったりしていた。セブンイレブンや西友で食事を買ってきて、みんな気ままに生活していた。

「超、すてられていた」春菜と彼氏は学校や教師から置き去りされた状態をこう表現する。高校の担任は「赤点七つで手遅れだから来なくていいよ」というような教師だった。そんなこといわれなくても、「学校に行っても意味なんてない」と思っていた。そういえば、入学式の時から髪を染めて、エクステつけて登校していた。当然、生活指導の教員から目をつけられて呼び出しを受けたが、そんなことお構いなしだった。その時から教師には見捨てられていたに違いない。

中学の時からほとんど登校しておらず、高校受験の時、願書などの提出書類は担任の先生がほとんど全部書いてくれて、なんとか試験を受けた。受験したB高校は頭が悪い人が集まる高校だと知っていたから、自分が入学しても大丈夫だろうと思ってそこに決めた。制服もかわいかったし。入学してしばらくの間は、友だちとの仲も良かったし結構たのしかった。

高校に行かなくなったのは、家から遠すぎるからだ。B高校にいくには、電車を乗り換えて五〇分、それからバスで二〇分、自宅から一時間半から二時間近くかかる。面倒くさくて途中で帰ったこともあり、どんどん足が遠のいた。

春菜の母親は一七歳のときに彼女を産んだ。しかし、春菜にはその母親の記憶はない。それは春菜が一歳四カ月の時に両親が離婚して、それ以来会っていないからだ。実の母親については、「私を捨てたし、会いたくもない」と春菜はいう。

小学校に入る前に、父親には新しい彼女ができて再婚したが、小学校の五年の時にはその新しい母親とも離婚した。それからは、とび職をしている父親と二人で暮らしてきた。いまは、義理の母親を自分のママだと思っている。

春菜と同じように父親も実の母親も高校を卒業していない。

†夫は留置場

春菜は高校を中退してから一八歳で子どもを生み、大工をしている二四歳の正治と結婚した。その後、二人で暮らしていたが、二〇〇八年の夏に正治はタイヤなどを友だちと一緒に盗んで、現行犯で逮捕されたため、留置場にいる。初犯だからもうすぐ釈放されるだろう。正治は高校に入学すらしていない。盗んだバイクで学校に通うような中学生だったらしい。春菜の両親同様、正治の父と母も離婚している。今は正治が留置場にいて生活費がないので、春菜は正治の父親に生活費をもらい、何とか暮らしている。

「今もっている金で正治が出てくるまで、子どもと二人でがんばる。早く二人目の子どもが欲しい。次は女の子がいい。だけど家のガスを止められた」

貧困世帯の子どもたちの性行動は活発だ。最近は中学へ進学する頃から性行動は始まっている。しかも不特定多数の相手との性交渉も多く、性感染症は中学でも深刻な問題になっている。貧しい子どもたちが依存するものは、薬、ゲーム、カルト、ダイエットなど様々だが、その中の一つとしてセックスがある。避妊しないから一〇代で子どもを産み、

学歴	母子世帯全体		10代出産		保護の世代間継承	
	実数	構成比(%)	実数	構成比(%)	実数	構成比(%)
中卒	41	38.7	13	46.4	18	41.9
高校中退	29	27.4	11	39.3	13	30.2
高卒以上	36	34.0	4	14.3	12	27.9
合計	106	100.0	28	100.0	43	100.0

表3　生活保護受給母子世帯の現状

道中隆・堺市健康福祉局理事による調査より作成

より生活が苦しくなっていく。貧しい子どもたちの恋愛、避妊を伴わない性行為、早期の結婚願望は将来の人生や夢などを度外視した「アイデンティティなき依存」といえるかもしれない。このような若者たちは誰を頼れば生きていけるのか。貧困の原因の一つにもなっている一〇代の出産を防ぐためには、総合的な貧困対策が必要になっている。

表3（道中隆氏による調査）は、大阪府堺市の被保護世帯数三九二四世帯（二〇〇六年四月一日）のうち、三九〇世帯を抽出し、調査したものだ。前出の春菜のような貧困家庭の子どもたちが、低学歴で安定した雇用もない中で、早期に子どもを持つことでさらに貧困化が深刻になっている。子どもたちが親の貧困を継承し、社会的不利の再生産となっていくこともこの表は示している。

道中氏の調査では生活保護を受給している母子世帯のうち、

世帯主の学歴は中学卒と高校中退が一〇六世帯中七〇世帯（六六％）を占め、現在の日本ではとうてい正規雇用が望めないような学歴だった。しかも母親が一〇代で出産した率は二六・四％、四世帯のうち一世帯で一〇代の出産が起きていることになる。したがって二世代にわたって生活保護という世代間の継承率は四〇・六％と非常に高かった。貧困の世代間連鎖がとくに高いのは母子世帯である。孤立した母親が孤独感とストレスの中で精神疾患に苦しむケースも多い。貧困で苦しむ母子世帯を孤立させず、社会につなぎ止めるためには、児童相談所、保健所や保育所、学校の連携した取り組みが必要になっている。

次も一〇代で出産したケースである。子どもの父親は、いまどこにいるのかわからない。

里沙（二三歳）――ダブル母子家庭

里沙とは埼玉県西部の小さな駅の改札で待ち合わせをした。里沙は子どもを抱いてニコニコしながら現れた。元気で明るい若いお母さんだった。

里沙は卒業を間近にした三年生の一二月に県立のE高校を中退した。出席日数が不足して、担任から留年を宣告されたからだ。それで、「もうやめてもいいか」と思った。里沙の留年の理由は保健の出席時数が不足したからだ。保健は週一回しかないから、欠席が多くなると最初にあぶなくなる教科だ。そのほかに成績で欠点をとったことはそれまでなかった。

高校受験の時、中学の先生は「W高校を受けるか?」と聞いてきたがW高校は遠い。それで一番近いこのE高校に入学した。中学の先生から「本当にそこでいいの?」と聞かれたがそこでいいと答えた。そこはこの地域の最底辺校だった。

里沙は二年生の一学期の途中から学校に行かなくなった。高校に入学してから始めたバイトをやりすぎたためだ。学校を休んで昼間も働いていた。高校には「たまには顔を出すか」って感じで、バイトを休んで学校にいく状態になっていた。そのため、二年生の時も出席時数があぶなくなったが、ぎりぎりで何とか進級できた。もうその頃には、同じ年に入学した同級生の半分はいなくなっていた。

三年になって、妊娠して以前にもまして登校しなくなった。つわりでおなかが痛くなり、夏休み前に中絶した。初めて性交渉をもったのは高一の時で、相手は二五歳のファミレスのバイト仲間だった。はじめは男の部屋で無理矢理、レイプされた。バイトが終わった後に夜遊びをしていたころだ。

それから一年間、大学生の男友だちの家に泊まって、そこから学校にいく生活になった。近くのN大学の男子学生で、しばらくの間は男と二人暮らしをしていた。

高校をやめてもいいかと思ったのは、学校以外のことが面白くなったからだ。そのころは、高校の卒業資格がないと将来、困るとは思っていなかった。高校を卒業してやりたいことなんてなく、先のことを考えるのはまだいいかとぐらい軽く考えていた。それはE高校の多くの生徒と学校全体を取り巻く雰囲気でもあった。

†中退してキャバクラに

両親はともに埼玉県出身で、父親は東京の工場で金型の作業をしており、母親は近くの工場のパートで、夜、働いていた。高校に入った頃にはすでに両親は別居していて、離婚したがっていた。結婚当初からあまり仲が良くなかったらしい。夫婦の仲はともかく、生活は安定していた。高校二年のころに離婚が成立し、その後は母のパートの収入でなんとか生活していた。

退学してからもアルバイトは続けていた。はじめはコンビニやレストランだったが、一八歳になってから、近くの町のキャバクラで働きはじめた。キャバクラは午後六時から深夜の一時か二時までで、半月で二〇万円以上稼いだこともある。指名されたり、つまみを客に買わせると給料がたくさんもらえる。それほど稼いだけれど、貯金は残らなかった。仲間同士でおごったり、タクシーで遊びまわったり、ホストクラブにも通った。今から考えるともったいないことをしたと思う。

キャバクラで働くことに抵抗はなかった。あくまでも、普通の仕事のひとつと考えていた。それに一八歳にしては収入がよかった。母親から「キャバクラで働いているんだったら家に金を入れろ」といわれて家にも送った。しかし、接客業は好きじゃないし、お酒を飲むのにも飽きてしまい、キャバクラをやめた。

里沙は二二歳になった。まもなく、二歳になる子どもがいる。子どもの父親は当時三〇歳位の男だった。その男には別に子どもが一人いたらしく、つきあったのは三カ月にも満たない期間だった。子どもの父親とは別れるときにケータイのアドレスを消してから会っていないし、連絡先もわからない。別れてから妊娠に気づいたが連絡もしていないし、する気もない。つきあった男とは別れたらいつもケータイからアドレスを消している。養育費ももらおうとは思っていないし、もらいたくもない。何より、子どもの父親だと思いたくない。

そんな男が父親でも、子どもを産むことを決めたのは、前に一度中絶しているからだ。出産するときは子どもに父がいないという不安はあった。だけど産みたかった。出産費用は母親が市からもらってきてなんとかなった。

†姉妹でシングルマザー

里沙の妹はまだ二〇歳だがすでに二歳の子どもがいる。里沙と同じ高校に通っていたが、やはり妊娠して中退した。子どもを産んだのは里沙より早かった。

今、妹はパチンコ屋でバイトをしている。収入は一六万ほどだ。高校一年の時に妊娠して形だけ結婚したが、二カ月後には離婚した。相手は高校の同級生。一旦は入籍して高校生のパパとママになった。

今、家族は母親と二〇代の母親の彼氏、妹とその子ども、里沙と里沙の子どもの六人で暮らしている。彼氏と母親はママさんバレーで知り合ったらしい。母親とその若い彼氏は結婚するみたいだ。母親はいまだに、子どもを産みたがっている。

里沙は妹と二人で子育てをしており、ふたりとも児童扶養手当をもらっている。妹と母親が働いていて三〇万円にならない。だから年金、保険、ケータイなど毎月の支払いが滞っている。

高校中退だと仕事を探すのはむずかしいため、定時制高校にいって就職もしたいと思っている。

「お母さんと娘二人がシングルマザー。これから二人で大丈夫?」

「不安はあります。だけど今は深刻さはないです。精一杯です。ただ仕事は早くしなくてはと思っています」

哲(二五歳)——家族の支えがあれば

高校を中退したが、その後定時制に再入学し、大学に進学し、就職した例をみていこう。

埼玉県内の私鉄の駅に近い居酒屋で哲に会った。客との対応もうまく、今では、すっかり店の中心人物で落ち着いた好青年だ。哲が出してくれた焼酎と料理をつまみながら、話を聞いた。

哲は県立高校を受験したが落ちたため、合格していた私立高校にいこうかと考えた。しかし、当時、実家に余裕がなく、三次募集で県立のL高校に入学した。L高校には自分と違っていじめられそうな変わった子が多かった。みんな、こんな高校なんて本当は来たくなかったという気持ちとたたかっているように思えた。ある先生が「卒業した子はみんなよく我慢したねえ」といってくれたが、生徒とまともに向き合って話し合えるような先生は数人しかいなかった。

そのような高校だから授業は最低だった。虐待まじりの暴力をふるう教師がいて、体育の授業は行進の練習をさせられたり、まさに軍隊のようだった。ラジオ体操の第一・第二を全員ができるまで音楽をかけてやらされた。できなければ進級させないといいながら、その体育科の教師は補習すらしなかった。担任のM先生は英語担当だったが、生徒と一緒にラジオ体操を一生懸命練習してくれた。それでもラジオ体操ができない生徒は卒業できず、M先生が悔し泣きしていたことを憶えている。

哲は高校二年の二学期から学校にいかなくなった。そして三年の四月に退学した。退学になった直接の理由は盗みをやって少年院入りしたからだ。かつあげからオートバイを盗むなどいろいろやった。二〇人ぐらいで、大規模な盗みをして、警察につかまり初めて鑑別所にはいった。そのメンバーは哲の高校から一〇人、あとは他の高校から来た生徒で、わりと進学校らしい高校の生徒もいた。その盗み仲間の多くは高校を中退した。今、その仲間は職人になった人が多い。他にホストになったり、工場勤めもいる。

犯罪を起こしたのは、中学の頃から同じような経験があったからだ。中学生のころにも、バイクや車に興味があったため、仲間内で遊びの延長で、無断で原付を「借りて」乗っていた。高校の時は、一度目は父親が弁護士に頼んでなんとかなったが、二度目はやくざがからんでいたため、どうにもならず、学校は停学になり、三カ月間、少年院に入ることになってしまった。

そのような経験をもつ彼は、中退後、サポート校に一年間行って大学受験資格を取った。そしてK大学の経済学部へ入学した。学費はパートで働く母が出してくれて、なんとか卒業できた。そして、いま、学生時代のバイト先である居酒屋に就職している。

哲は客との対応もうまく、一〇代の頃、たびたび事件を起こして少年院にまで送られたことなど想像できないほど、穏やかな青年である。高校を中退した後、大学に進学して定職に就いている若者はそう多くない。彼は他の中退した若者とどこが違うのだろうか。

一つ目は、子どもがより良く育ってほしいと願う親と彼を支える兄たちの存在だ。哲のふたりの兄も大学を卒業しており、両親は豊かではない家計の中で兄弟を大学にいかそうという意欲を持っていた。哲も、兄たちから大学に進学するという意欲を伝えられていたのだろう。学ぶことがその後の人生にどういう影響を持っているか、哲は兄や両親から多くのことを伝えられている。中退した若者たちの家庭には、学ぶ意欲、進学する意欲を育てる下地がない。家庭にそのような文化資本がない。哲の場合、両親とくに母親、兄たちから経済的レベルだけではないサポートがあっただろう。このことは中退した若者のその後の人生にきわめて大きな意味を持っている。

二つ目は、学校には大きな問題があったが、哲には身近に生徒に寄り添っていこうとする教師がいたことである。埼玉県では、学区が拡大することで高校間の学力格差が拡がって個々の学校が持っている文化の幅をどんどん狭めている。それは生徒の学力だけにとどまらない。学校文化によって教員の意識の違いも大きな影響を受ける。学力が高い進学校では、軍隊のような行進練習ばかりしたり、ラジオ体操ができなければ進級させないなどという授業をすれば、親も生徒も納得しないだろう。L高校のような底辺校でも、担任のM先生のような学校文化に苦悩しながら生徒の立場で考えようという教師の存在が哲を救ったとはいえないだろうか。

久子（三九歳）——貧しいということは人生を選べないこと

自らが精神を病むほど、夫の暴力やギャンブルに苦しみ、離婚した母親が、どのような思いで、三人の子どもを育てているだろうか。

宮田久子さんは高校二年生と一年生、小学校六年生の三人の男の子を育てているシングルマザーだ。三人とも父親の影響で野球少年である。

子どもたちの父親は四五歳。元甲子園球児だ。久子さんと夫は西日本の町で暮らしていた。結婚するときは親の反対を押し切って、埼玉県の町に移ってきた。夫は若い頃から、パチンコや競艇が大好きだった。一緒に暮らし始めてから、久子さんは夫の給料の額を教えてもらったことがなく、夫のことをギャンブル狂だと思っていた。昔、デートでパチンコに連れていかれたときもある。結婚してからも子どもを連れて競艇にいったことがあった。競艇場には、子どもの遊び場があって子どもは船に乗って遊んで喜んでいたが、久子さんはいやでよくけんかをした。夫はそのうち、隠れて出かけるようになり、給料もほとんどスロットで使ってしまうようになった。だから久子さんは自分の洋服などろくに買ったことがない。

夫が給料を満足に家に入れない日々が続き、とうとう子どもたちの給食費や学童の負担金、保育料までも滞納する始末になった。その頃から、夫はサラ金にも手を出すようになっていたらしい。ある日、借金取りが家に押しかけた時に、夫は家にいたが、隠れて出ず、当時、小学校六年生だった長男に対応させて「父と母はいません」といわせたこともある。久子さんから文句をいわれると、「お前は浮気をしてるだろう」と逆に開き直ってきた。

夫が借金をするようになったのは、仕事で事故にあって病院通いが始まってからだった。握力がなくなって、おまけに糖尿病にまでなって、仕事に復帰するまでに時間がかかった。そのころ、三男に児童手当が出ていて、久子さんが通帳をたまたま見たら、二、三日おきに三万とか五万も引き出されていた。夫がパチンコやスロットで使ったのだろう。長男が高校に入学するのにお金がかかるのに、あっという間に一〇〇万円が消えて、なお借金が残った。本人はパチンコ屋にいったことを否定したが、長男がパチンコ屋の駐車場に父親の車が停まっていたのを見つけて、「パチンコ屋にはもう行かないと約束していたお父さんをもう信用できない!」と怒ったこともあった。

そういう父を見て長男は工業高校から工業大学に入って働いて、家族を養うと話していた。久子さんは、そういう長男に「自分のやりたいことをやれ」と泣きながら話した。

けんかも絶えなかった。長男の「そんなにけんかをするなら別れればいい!」という言葉で久子さんは決心した。そして子どもたちと「会議」を開いた。そこで、子どもたちに「お母さんはお父さんと別れたいけど別れてもいいの?」と聞いた。子どもたちは三人とも母と一緒に家を出ることを決めた。その後、夫が仕事をしている間に、友だちに手伝ってもらって家を出た。子どもたちと住み始めた家は六畳と四畳半のシャワーもない、築数十年の古い家だったが、五万五〇〇〇円という家賃を四万円にしてもらって入居した。

†一着のアンダーウェア

久子さんは、家を出ようと決心してから、市営住宅や県営住宅の申込みに市役所に通った。その都度、市の職員は「今、待っている人が一〇〇人も二〇〇人もいるから、何年か待ってほしい」「遠くに行けば県営があるかも」といわれたが、知らない人ばかりの町に行って生活する自信はない。今、市営住宅には一回入居するとずっと住むため、出る人はいないらしい。久子さんが、「お金がなくて困っている人を助けるのが市の役目でしょう」と市の係員にいったら、抽選で決まるから仕方がない、市営住宅に入りたければ市会議員に頼んだら、ともいわれた。

その後、夫は元に戻りたいといってくるが、長男は「ウザイ！　自分がまいた種だろ！」と怒って相手にしない。しかも久子さんはこの数年の生活苦と夫とのトラブルの中で、精神的に病むようになって、精神科に通っている。

子どもたちには、家庭教師どころか塾にも行かせたことがない。机も買えないから、食事用の折りたたみテーブルで長男は勉強した。離婚調停は終わったが、前夫からは養育費を一銭ももらっていない。なんとか前夫がパチンコでつくった借金を代わって払うことからだけは逃れたいと思っている。

今、生活保護で二〇万円ほどもらっているが病気で働けないから生活はぎりぎりだ。子どもたちは三人とも野球をしており、長男はグローブを壊さないように人一倍大切にしている。長男にはアンダーウェアが一着しかないから久子さんは毎日、洗濯している。だから家の中は洗濯物でいつも一杯だ。

久子さんは「うちは貧しいんじゃあない。倹約家なんだよ」と子どもたちに話している。子どもには生活のことで心配をかけたくない。それでも子どもたちは気をつかって、靴に穴があいていてもなかなか買ってとはいわない。がまんしてしまう。先日も次男の誕生日に「次はグローブね」と約束したが、子どもたちは「早く買って」とは絶対にいわない。

二〇〇九年の一月、久子さんの父親が西日本の郷里で亡くなったが葬式に帰ろうにも金がなかった。貯金は一銭もない。別れた夫から借りて、久子さんと長男だけ帰った。亡くなった久子さんの父は長男をかわいがっていて、実家の近くの大学に入れと勧めていた。

父が亡くなって、実家の近くに帰るという久子さんの夢も消えた。この町で貧しくても生きていかなければならなくなった。

もうじき、父の四十九日があるが、郷里に帰る金はない。義母から連絡がきたが、お金がないから帰れないと話すと、義母は電車代を貸してあげるから帰ってきなさいといった。生活保護を受ける母子家庭の普段の生活は厳しい。毎日、財布の中の残金を見て何を食べるかを考える生活だ。育ち盛りの男の子を三人、どう育てるか、悩み続ける。久子さんは「貧しいということは何もできないことです」という。「何も選べないんですよ。服も子どもの教育も、何も選べないんですよ。つらいのは子どもたちに何もしてあげられないことです。心の教育しかしてあげられませんから」と自嘲的に話す。

「だけど、うちの子たちは苦労しているだけやさしいんです」

そんな中でも久子さんは、がんばっていきたいと話しているが、まだこれからも、まったく先が見えない生活が続く。

†教育費は兄弟三人で一〇〇万円

久子さんの今の最大の悩みは子どもたちの教育費だ。高校二年生、一年生、小学校六年生と三人の子の教育費が最もかかる時期を迎えて、生活保護だけで生活をまかなうのは厳しい。しかも自分は精神疾患で医者通いを続けている。久子さんにとって不安な日々が続いている。

文部科学省の二〇〇六年度の「子どもの学習費調査」によると、公立中学の学習費は、世帯年収四〇〇万円未満の世帯の場合、三六万八〇〇〇円（私立は一〇四万二〇〇〇円）である（表4）。公立高校では、四三万四〇〇〇円（同八一万九〇〇〇円）だ。久子さんの世帯の場合、単純に計算すると三人の子どもたちの学習費を合計すると一一一万八〇〇〇円になる。年収が二〇〇万円台の世帯収入でこれだけの費用はとうていまかなえるはずがない。

逆に、私立の小・中学校は年収一二〇〇万を超える世帯が四三・九％、三一・二％となり、年収を八〇〇万以上に広げると八〇％を占める。そうみると、都市部では、富裕層は私立の小・中学校へ、貧困層と中流層は公立の小・中学校へというトラックができあがり、富裕層とそれ以外の間に、大きな垣根ができている。

表5は日本高等学校教職員組合が全国の公立高校から調べた入学年度に学校に支払う費用だ。遠征費などもっと必要な部活動もあるだろうし、制服代、体育着、上靴代などは含

まれていない。このほかにも、授業料など学校への納入金が滞った時のための保証金のような一〇万円程度の費用を、年度の始めに集める学校が最近増えている。それらの費用を合わせると公立高校では、初年度だけでも、五〇万円程度支払わなければならない高校も相当あるのではないか。

幼稚園から高校卒業までの一五年間の学習費の一人当たりの総額を比較すると、「すべて公立」の五七〇万九〇〇〇円から「すべて私立」の一六七八万三〇〇〇円まで総額に三倍の格差ができている。

親は自分の収入や子どもの人数などを考慮して、どのコースを選ぶか決めていく。しかし、年収四〇〇万円以下世帯では、選択することなど不可能といってよい。逆に、富裕層の世帯では子どもの教育費は事実上、際限がなくなっている。

中退していく生徒の親の多くは子どもの退学をあまり引きとめない。私の聞き取り調査でも、多くの親から「どうせやめるなら、早くやめてほしい」という言葉がよく聞かれたのは、この「すべて公立」という最も安上がりのコースでさえ、四〇〇万円以下世帯の親にとっては、負担し続けることがむずかしくなっているからだ。あまりの高額教育費の日本。いつまでこんな馬鹿なことが続くのだろう。

[単位：千円]

区分＼年収	400万円未満	400万～599万円	600万～799万円	800万～999万円	1,000万～1,199万円	1,200万円以上
公立小学校	250	281	321	379	454	590
［割合］	16.3%	28.6%	23.2%	15.0%	9.1%	7.9%
私立小学校	705	1,036	1,169	1,302	1,357	1,591
［割合］	2.9%	6.5%	12.7%	**16.8%**	**17.2%**	**43.9%**
公立中学校	368	446	448	495	584	659
［割合］	14.4%	23.7%	25.8%	18.1%	9.5%	8.6%
私立中学校	1,042	1,028	1,171	1,268	1,311	1,427
［割合］	2.8%	7.8%	14.7%	**21.3%**	**22.2%**	**31.2%**
公立高校（全日制）	434	482	537	551	596	668
［割合］	15.4%	24.1%	24.6%	18.4%	8.6%	8.9%
私立高校（全日制）	819	928	918	1,085	1,197	1,312
［割合］	9.5%	15.8%	18.0%	21.9%	12.5%	22.3%

表4　階層別の学習費（2006年度）
2006年度文科省「子どもの学習費調査」から作成

（単位：円）

	A高校	B高校	C高校	D高校
入学金	5,650	5,650	5,650	5,650
授業料	118,800	118,800	118,800	118,800
PTAなどの会費	22,000	12,295	10,800	12,000
学年費	75,000	0	48,050	23,450
修学旅行積立金	65,000	80,000	114,000	131,500
部活動振興費	2,000	3,500	0	0
進路指導費	1,000	0	0	8,000
その他経費	21,882	90,000	8,000	5,000
計	311,332	310,245	305,300	304,400

表5　公立高校で入学年度に必要な金額の例
「2008年度日本高等学校教職員組合調べ」より作成

久子さんの場合もそうだが、日本では孤立したひとり親家庭が多い。貧困とは経済的な問題であることは当然だが、文化資源のなさ、心理的な孤立など様々な問題が重なっている。ひとり親家庭の親は孤立することによって起きるストレスとの戦いに勝つことがまず必要になる。

二〇〇九年の四月一日から生活保護世帯の母子世帯に支給されていた母子加算が全廃された。月二〇万円台で暮らしている久子さんのような母子家庭では大きな打撃だ。児童手当や児童扶養手当も減額が決まっている。平均所得が児童扶養手当などを入れても二一一万九〇〇〇円にとどまっている母子世帯にとって致命傷にもなりうる残酷なやり方というしかない。

二〇〇九年の二月のある日、次男が県立高校に合格した。その日、久子さんはうれしさのあまり一晩泣き続けた。私立には絶対やれないからこれで何とか高校に通わせられると思った。しかし、新たな難問が出てきた。次男が合格した高校は自転車では一時間はかかる。電車賃を出す余裕はない。次男は自転車で通うから心配するなといっているのだが。また、次男が合格した高校は長男が通う高校より、毎月の引き落としが二六〇〇〇円高い。

二つの高校に、毎月支払う金は四万六〇〇〇円に増えた。これから毎月払っていけるか、久子さんが一人で苦悩する日は続く。

第三章　子どもの貧困

第一節　貧困に直面する保育所

高校中退を生み出す背景として、家族や地域の貧困へ目を向けたい。中退する子どもたちはどのような幼児期を過ごしてきたのだろうか。親たちは中退していった子どもたちをどのように育ててきたのか。そして親自身どのように生きてきたのだろう。親たちからの聞きとりは難しく、地域や親の実情にくわしい埼玉と大阪の保育所と保育士たちを取材し、その背景を探った。

埼玉県D市で働く保育士の吉田真理子（三〇歳）さんから勤務した保育所の現状を聞いた。この地域はとくに貧困世帯が多いわけではない。就学援助率は、二〇〇七年には、埼玉県の平均は約一〇％だが、この地域はそれより低い。

吉田さんはこの町の西部にあるH保育所に二〇〇六年まで勤務した。次にあげる子どもたちは、その間に出会った困難な家庭の子どもたちであり、その数は増え続けている。

†母親は自分しか興味がない

雅也は一九九七年生まれで、母親が一九歳のときに生まれた。父親はトラック運転手で雅也が四歳の時に両親は離婚した。

離婚後、引っ越して母親の実家の近くに住んでいた。家賃が五万円の二Kの古い賃貸アパートだった。雅也のお迎えは祖父母の仕事となり、いつしか子育てすべて押しつけられていた。母親は子育てより、二重まぶたの整形をするなど、自分のことを優先するようになっていた。母親には彼氏がいつもいた。雅也も「昨日、ママとママの彼氏とおれの三人でディズニーランドに行ったんだ」というような話をよくしていた。そんな母親には定職はなく、生活は苦しいようだった。スーパー、コンビニ、ファミレスと転々と仕事を替えていた。一日に四時間以上、週四〇時間以上の仕事があれば保育所には入所できるから雅也を保育所に入れていた。

†漢字が書けない母親

隆太は男ばかり四人兄弟の四男だ。父親のDVから逃げて、母と生活保護を受けて暮らしていた。隆太は父親のことを「母ちゃんぶつから、あいつぶっ殺す」と保育士に話したことがある。三男は中学になると荒れて不登校だった。中学からタバコを吸い、バイクに乗り、けんかを繰り返していた。隆太が小学校五年になる頃、三男は学校にナイフを持っていって大問題になったことがある。

隆太が保育所にいる頃から、一家の生活は母親が付き合う男に依存していて、その男も次々に代わっていた。母親は子どもを家に置いたまま、男のところに出かけて帰らないことも多かった。新しい男ができると化粧が濃くなるため、周囲の人たちは、母親の化粧が濃くなると「新しい男ができた」と噂した。母親はほとんど漢字が読めず、ひらがなしか書けなかったから、保育所からの手紙など理解できなかった。当然、遠足などの連絡も理解できないし、保育所の連絡ノートも書いてきたことがなかった。周囲の人たちは、子どもの面倒をみたり、保育所からのお迎えをしたり、食事をさせたり、風呂に入れたり、世話をしたり、この家族を支えてきた。しかし、徐々に母親の男癖の悪さにあきれて、この家族に関わらなくなっていた。

†祖母がママ

公男の母親は一六歳で公男を出産した。公男は母親を「みえちゃん」と呼び、四〇歳ぐらいの祖母を「ママ」「お母さん」と呼んでいた。祖父母は農家で、祖母も母のみえ子を若いころに産んでいる。母親はネイリストや化粧品の販売や水商売など次々と仕事を替えながら暮らしていた。「パパ」と呼ぶ男もいたが、そのうちにいなくなった。

公男はだれからも育てられていなかった。母親のみえ子はカラオケや飲み会などに子連れで出かけていくので、公男も母親も朝起きられず、家族で朝食を食べる習慣もなかった。保育所には昼食を食べに来るようだった。だから公男はいつも昼の給食をものすごい勢いで食べていた。毎日、昼間着ていた衣服でそのままで寝て、髪も洗ってもらっていなかった。歯磨きも練習していなかったので公男は歯が溶けて歯茎で食べていた。典型的なネグレクトだ。

自宅ではゲームばかりしているから考える力はほとんど育っていない。保育所で鬼ごっこをしても、鬼は何をするか、じゃんけんしてどうするか、ルールがなかなか覚えられない。絵本も何回読んでも話の内容を理解できないままだった。

†昼夜、働く母子家庭

保育士の渡辺康子さん（三三歳）は最近、D市の障害者施設から保育所に転勤した。康子さんは久しぶりに保育所に勤務して母子家庭が増えたと感じる。D市では、保育料を払えない世帯は母子家庭をのぞけば、一二〇世帯中二、三世帯とそれほど多くはないが、毎回、催促しなければ払ってもらえない家庭が各クラスに二、三世帯はある。

康子さんが勤務する保育所には母子家庭の子どもが二割ほどいる。そのうち、常勤で働いているのは一世帯だけだ。その他はほとんどパートで、できるだけ長時間働きたいという母親が増えており、昼、夜のダブルジョブ家庭も出てきた。母子家庭でも常勤とパートでは母親の生活の様子や意識に格差が大きくなっている。

康子さんは親の子育ての様子から、貧困とネグレクトは関連が深いことは間違いないという。ネグレクトは、自分が子どもの時に丁寧に子育てされてこなかったことに原因がある。子育てのやり方がわからない母親は、子育てのやり方を受け継いでいないのではないだろうか。

例えば、ごはんの食べ方、おむつを替えなければならないこと、夜は一緒に寝てあげなければならないこと、そんな当たり前とも思えることがわかっていない親が最近、増えている。決して子どもに対する愛情がないわけではないが、自分も育てられてこなかったし、周囲に聞くことができる人もいない。ネグレクトの連鎖ともいえる現象は、親子の関係性の貧困から生まれている。

次に康子さんから聞いた困難な家庭の事例をいくつか紹介する。

†仕事が長続きしない母親

五歳児の貴大の母親は三四歳になるが、最近、仕事をしていない。パートをしても、すぐに店の経営者や同僚とけんかして長続きしない。母親が家にいるはずなのに保育所に登所しない日が続いている。母親が子どもと一緒に夜遅くまでゲームをしながら、トラック運転手をしている父親の帰りを待っているので、朝起きられないのである。

†人格障害の母親が一人で子育て

健介の母親は二〇代前半だが人格障害を発症している。父親はおらず、母親も子育て、食事の準備、掃除など家事はほとんどできない。時々、記憶がなくなるという。記憶がなくなったときには何をしているかわからない。母親は以前、関西に住んでいたが、親から性的虐待を受けて逃げてきたらしい。

時々、保育所でも発作が起き、「やばいやばい」といいながらしゃがみ込んでしまう。そういう時には、自宅に健介を連れて帰れなくなる。保育所からケースワーカーに連絡し、指示を受ける。薬が切れると母親は入院するため、児童相談所が子どもを預かるが、子どもを母のもとに帰す時期が難しく、一時預かりの期限がよく延期されている。

そのような状態だから、健介の母親は仕事がほとんどできない。ケータイショップで少し働くのが限界だ。二〇〇八年七月から一二月までは、母親の状態が悪く、健介を一時預かりした。母親は健介を引き取りたいというがなかなか認められず、一二月に、一時帰宅が三日間行われたが、健介が肺炎になって以降は登所していない。

†父親のDVで逃げてきた母と子

一樹の母親は夫のDVで埼玉県の西部から子どもと逃げてきた。母と子三人の四人家族だ。姉は小学校にあがっていて、その下に四歳の一樹と一歳の弟がいる。母親ははじめ、満足に生活できる仕事がなかったので、生活保護を受けながら工場などでパートで働いていた。この家族も、急にこの町に転入し、働かないと生活していけないというせっぱ詰まった状況で子どもを入所させた。

第二節　障害児通園施設で

†支援が届かない障害児たち

D市には知的障害児の通園施設がある。肢体不自由・知的障害などで公的な療育（医療教育）が必要で、障害がある子どもを預かる施設である。この施設に通う子どもたちの多くは重複障害を抱え、親の多くも障害があるため充分に子育てできていない。親の貧困も重なって、もっとも社会的に困難を抱えた子どもたちといえるだろう。二〇〇六年、吉田さんは先ほどのH保育所からこの施設に転勤になった。吉田さんは今、五歳児を担当している。

この施設には保育士の資格を持つ正職員が五人、臨時の職員が六人勤務している。子どもたちは一〇時から二時まで、施設の車で通ってくる。行政出身で障害児保育には知識も関心もない退職間際の職員が、園長として異動してきた。行政の障害児保育に対する姿勢が、この園長の発言からうかがえる。

園長は障害児に向かって、

「この子たちはなぜしゃべれないの？」

「この子たちは治るの？」

「小・中学校や大学へ行けるの？」

といった発言を繰り返す。

このクラスには、栄養剤をチューブでとっている瞳ちゃんという五歳の子がいる。彼女は栄養剤を口から入れる練習をしている。園長は彼女を受け入れる時に「窒息死したら担任の責任だよ！」と発言し、「俺がいようがいなかろうがそういうことが起きたらしょうがないんだよ」と言い残してゴルフに行くための休みをとる。

こういう管理者がいては子どもも職員も救いがない。障害者施設の管理者は誰でもよいというD市の姿勢がよくわかる人事だ。

†食事はスティックパン

肢体不自由児で知的障害も併発している良平はこの施設に通っている。良平の一家は東北から一家転住でこの地方の町にやってきた。良平の母親は、担任の保育士に自分は一五、六歳の時から水商売をやってきて、夜の世界の人間だったと話している。父親は母親より一回り上の四〇代後半で障害があり、製本工場に勤めている。

母親は水商売を長くしてきたこともあって人との話はうまい。だが、子育てはできない。父親はパチスロが大好きで、自宅にスロットがあり、良平も父親とスロットをやっているのでマッチング能力はあがっている。父親が浮気してから母親はうつ病になって、いっそう育児ができなくなった。食事を与えられていないので、良平は自分で冷蔵庫を漁っていた。母親は良平が家の中で便をもらしたりしても、片づけられなくなっていた。

この一家の近くに住む母親の妹も水商売をしている。妹の子どもに一二歳の麻実という女の子がいる。母親とうまくいかず、よく家出している。中学には通っていない。たまに家に帰ると母親に「学校に行け」といわれ、ケンカになるため「学校に行くのはいやだ。おばちゃん助けて」と良平の母親の所に駆け込んでくる。「年頃だし、反抗期かな?」「むりやり学校に行かせるのはかわいそう」と伯母も巻き込んでよく言い争いをしている。

麻実は家出している間、売春をして生活している。一二歳だが、いつも化粧をしてヒールをはいているので二〇歳ぐらいに見える。麻実の母親は娘にケータイを持たせると、売春するからと、ケータイを持たせたがらない。良平の母親は連絡ができないのは心配だからケータイを持たせよう、と言い争って、結局はGPSつきケータイを持たせた。そのうち、また麻実は家出したが、その間、ケータイは切られていた。

良平の学園の運動会の日、祖父母は朝から酒を飲んで酔っぱらってやってきた。運動会の会場の園庭でタバコを吸って保育士たちから注意を受けていた。

良平の家族は、五〇代の祖父母と父親の三人が働いて生活している。みんなパチンコ好きで、よくパチンコの話で盛りあがっている。良平の母親は三六歳になるが「中学までしか行っていないから漢字がわからず読めない」と話している。水商売で学んだのかもしれないが、人を選別する力はあるが、社会的な常識はない。子育ての仕方もまったく親から学んでいないようにみえる。子どもの育て方がむちゃくちゃだから、保育士たちは心配しながら、できるだけ相談に乗るようにしている。

保育士　「おむつを一日していてはだめだよ」

良平の母　「そうなんだ。漏れなければ良いと思ってた」
保育士　「子どもを夜、寝かせなければダメだよ」
良平の母親　「そうなんだ。わかった。寝かすね」

このような調子で、子育ての常識が全く通用しない。

良平の食事が三食とも食パンかスティックパンというのは、脳性麻痺でも食べやすいからだ。母親は野菜スープなど栄養があるものをつくろうとも思わないようだ。自分もほとんど食べたことがないという。良平にも三歳のころから食パンとモツ煮を食べさせている。「私たちが好きだし、あげたら食べたから良いと思ってた」と平然と語っている。

良平には咀嚼・嚥下障害がある。ミルクも哺乳瓶で吸えなかった。口に入れたり出したりしながら飲むように食べるから、口の周りも衣服も汚れる。

†夜はトラックの中ですごす

英太は自閉症のため施設に通っていた。父親はトラック運転手で、母親は軽い知的障害があり、育児能力はなかった。保育士が家庭訪問したら、家の中はぐちゃぐちゃで部屋の中は布団がしきっぱなしだった。その上にどうぞといわれてもさすがに座れなかった。床の上には食べ物がちらばり、流しにはカビだらけの茶碗が放置されていた。お茶を出されてもとても飲む気にはなれなかった。

母親は子どもの世話ができないので、トラック運転手の父親は夜には二人の子どもをトラックに乗せて仕事をしていた。翌日、登園した英太のリュックの中には前日のコップ、歯ブラシ、着替えが入っており、おむつも前日のままのことが多い。リュックの中からゴキブリまで出たことがある。

保育士たちは、毎朝、英太の健康観察をした後、シャワーを浴びさせ、シャンプーしてから一日が始まる。英太の自閉症は家庭の環境要因によるものかもしれない、と保育士たちは話している。

第三節　子どもの貧困対策――学校と地域の連携は欠かせない

†家族の貧困から中退へ

高校を中退した若者たちのライフヒストリーの聞き取りから、家庭の貧困が低学力、不登校そして高校中退と深い関係があり、就学前の生活、それを形づくる家族がかかえる問題に高校中退の原因があることが見えてきた。

たとえば、食事・睡眠などの日常生活、安心して暮らせる住居、日常生活の訓練、社会的な常識を身につけさせるための教育、子どもの心のケア、充分なコミュニケーションなど、子どもたちにとって欠かせない様々なケアをするのが親であり、家族だが、そういったことができない家族が増えている。そうした家庭があるなか、子どもたちを支えるセーフティネットをどのようにしてつくっていくべきだろうか。

六〇億円もの予算をつかって行う全国学力テストなどの学力対策は、子どもの低学力や格差の解消を目指しているものではない。ただ、一部の競争に耐えられる子どもたちにむちを当てて、いっそう走らせようと考えているのだろうが、走らされる子どもたちに身につくのは学力ではなく、他者との競争に勝つという競争意識だけである。それでは、将来の社会を支えていこうという連帯感は子どもたちの中から消えていく。

貧困層の子どもたちの低学力は深刻であり、その対応として必要なのは貧困家庭への様々な総合的な支援である。孤立し、相談相手もなく、子どもの発達課題を見つける力のない貧困層の親たちの悩みに適切なアドバイスを就学前から行う必要性がある。そこで大きな役割が期待されるのは「貧困の防波堤」としての保育所や保健師やケースワーカーなどの地域の福祉機関である（浅井春夫編『子どもの貧困』明石書店）。

保育所には様々な階層から子どもたちが入所してくる。常勤の親、非正規雇用の親、ひとり親世帯の親たちが様々な悩みを抱えてやってくる。虐待やネグレクトなど親の問題を最初に見つけているのは、保育士や地域の保健師やケースワーカーであることが多い。

三カ月検診、六カ月検診、一歳半検診、三歳三カ月検診と、地域の保健師と医師が最初に子どもの成長の様子を見る。子どもや親が「おかしい」と気づけば、地域担当の保健師が家庭訪問や母親の相談役をすることになる。

D市には二〇名ほどの保健師が市役所の児童・福祉課などに配属されているが、子どもだけでなく高齢者対策なども担当しなければいけないため、子どもやその家庭で起きている問題を処理するには人員が足りないと保健師から嘆きが聞かれる。保育所で、もしネグレクトや虐待が発見されれば、ケースワーカーが対応を計画し、保健師と保育所が協力して対応することになる。深刻なケースは児童相談所へ送ることになる。

母親への援助は保健師が担当するが、担当する世帯が多すぎて深刻なケースにはなかなかたどり着けなくなっている。全国的に福祉予算の削減で保健師の数が減らされ、D市でも一人の保健師が一〇〇件ものケースを受け持っており、子どもたちへの対応がどんどん難しくなっている。当然、一〇〇件すべて対策が立てられるわけではない。現実には一〇件二〇件がやっとである。

保育所に通える子どもの問題を発見することができるが、親が働いていない、働けない場合、入所できないため、問題の発見が遅れる。地域の保健センターに「助けて!」と声を上げることができない親も多い。だから行政の福祉はなかなか届かないし、より深刻な問題を抱えた子どもたちや親は放置されたままになっている。

それでも、保育所では、様々な家族の生活の様子が見えることが多く、親の虐待やネグレクトがここで発見されるケースは非常に多い。子どもを守るために地域の保健師と保育士の役割は重要である。貧困によって家庭の中でどのような事態が起きているか、まず、就学前に地域の保育所と保健師の対応があってから、公立小・中学校の対策の順になる。当然だが小・中学校のスクール・ソーシャルワーカーの配置も増やす必要がある。

D市の保育士の吉田さんは、保育士としての悩みをこのように話す。

「保育所は当たり前のことですが、子どもの生活全体を担当するところで、日常生活だけでなく、毎日、休まないで来れば、おむつも替えてあげられるし、昼寝の時も一緒に抱きしめてあげられるし、愛情をたっぷり注いであげられるが、本当はぜひ来てほしい、問題を抱えた家庭や貧困家庭の子どもほど来ないのです」

保育士は次のようなことが起こると、ネグレクトではないか疑う。

五歳児の雅志は、いつも髪を洗っていないので、ぼさぼさでライオンヘアになっていた。連絡ノートはほとんど記入されたことがない。たまに記入があった時、「朝ご飯　マック」「夕ご飯　カップラーメン　吉野家」と書かれていた。親が保育所に着替えをもって来ないので「着替えがないから持たせて」と保育士が注意すると、次の日、親は切れて、パンツを二〇枚持ってきたという。

こういう事態がおこれば、保育士から「親のネグレクトかもしれない」と保健師に相談がいく。具体的なケースを話し合う「ケース会議」が月に一回、地区の保健師を交えて実施される。子どもの具体的な育ちの様子を報告し合い、地区の保健師は分担して、保育士に子どもの観察を要請したりする。この作業は地域の子どもや親の状況を知るには欠かせない情報交換の場である。

†知的障害の母親と七人の子どもたち

高田静さん（三一歳）は埼玉県のＦ市の障害児保育施設の保育士だ。高田さんが勤務する施設で子どもを七人産んだ母親に出会った。子どもは小六男、小五男、小三男、憲男五歳、四歳男、二歳女、〇歳女といて、しかも四男の憲男は斜視で知的障害もあり、弟の隆も運動の遅れがあって斜視だった。

七人子どもがいるが、父親と母親は内縁関係だった。父親は持病があって働けなかったが、当初、父親は施設に入れることを拒否していた。また、この家族は生活保護を受けていた。

母親も軽い知的障害があった。学習能力が低いし、子育てとは何かわからないように見えた。母親は子どもたちに排泄の練習をさせていなかった。ご飯を炊いたり、魚を焼いたり、煮物を作ったりできず、母親が作ったものを子どもたちは食べたことがない。日常的に食パンを食べていた。だから子どもたちは食事に関する知識も味わうことも未発達のまま育っていた。

兄妹のうち、三人がこの障害児施設に通っていた。子どもたちの生活全体の発達上の遅れは、子どもの頃からの環境要因によるものではないか、と保育士たちはいう。

ある日、この子たちの父親が自宅で死亡した。死んでいる父を見つけたのは子どもたちだった。その後まもなく、他の子を置いたまま、乳飲み子だけ連れて母親は家から出て行った。残された六人の子どもは近くの駅で母を捜しているところを警察官に保護され児童養護施設に送られた。一カ月後、母は戻ってきたが、その後、実家がある関西地方へ帰っていった。母親を追うように、六人の子どもたちも関西へ送られていった。

†トラックの中で育てられる子どもたち

祐介は仕事で使うトラックの中で育った子どもだ。親が三歳児検診に連れて来ないので、保健師が家庭訪問をして、祐介ら子どもの状況や家庭の問題が明らかになった。祐介は頭を洗っていないのでぼさぼさで、しかも三歳までおむつをしていたことがわかった。

祐介の母親も子育てができなかった。家の中には、テレビはあったがタンスなどの家具はなかった。家の中は散乱していて、二歳の妹が歩くスペースはなかった。保育士が家庭訪問したとき、布団の上に母親が座っていた。床や畳の上は新聞紙や新聞広告で埋まっていて、その向こうに布団が敷きっぱなしになっていた。残る一部屋には、洗濯物とハンガーが散乱し、そこにも衣服が散乱していた。布団には下の子がよじあがってあそんでいた。流し台にはこげがへばりつき、いつ使ったかわからないフライパンや、洗い物で埋まっており、椅子の上には野菜が置かれていた。

祐介は人形すら見たことがなく、人形がある部屋のなかには、怖がって入れなかった。人形やカメラを見て泣くほど子どもだった。子どもにとって大切な子ども期の体験を持たないで過ごしてきたのだろう。ある日、祐介がこの施設に来たときに、鞄の中にコンドームが入っていた。

貧困とは所得の問題だけとは限らない。人間として必要な文化、習慣、そして尊厳をもって育てられていない子どもたちが、社会の隅の見えないところで生きている。

祐介は小学校の特別支援学級に入学した後、見かねた母親の実家に引き取られていった。貧困の中でマージナル化し、孤立して生きる家族が増えている。

第四節　大阪府北河内地域の保育所

†文化住宅の町の貧困

高度経済成長期に大都市圏で大量に建設された二階建ての木造集合住宅を大阪では「文化住宅」と呼んだ。一棟は一〇戸ほどで構成されており、ほとんどが三畳から六畳の二室と台所とトイレ付きだ。家賃は現在、一万円から四万円程度で大阪府の北河内地区に集中している。国民健康保険の納付率が全国で最も低い大阪府のなかでも、とりわけ「文化住宅」がある町では納付率が低い。北河内にあるA市でも山の手の地域にはほとんどないが、淀川沿いの地域には「文化住宅」はまだまだ残っている。

北河内地区にあるA市の保育園では二〇〇三年からひとり親世帯が三〇%増えた。しかし、A市でも地域格差は大きい。今、山本真喜子さん（四三歳）が勤務している山の手の保育園では単身世帯でも常勤が多く、子どもの貧困がそんなに目立つことはない。しかし、以前勤務していた他の保育園では常勤はほとんどいなかった。多くの母親がパートかアルバイトだった。子どもの発育より、自分の人生に必死な親が多く、保育士との個人懇談でもほとんど自分の悩みの話に終始する親が多かった。

そこでは「なにしとんねん」と子どもをどなる母親が目立った。母親たちも親からそう怒られてきた。また、親に怒られたことがないという母親は「自分は親から捨てられてきた」という。そういう母親たちは、自分が育ってきた人生に満足感や充足感をほとんど持っていない。だから、自分の子どもに対しても、子どもを励ましたり、ほめたりする愛情表現がほとんどできないのだと山本さんは考えている。

†貧困の中で虐待される子どもたち

潤は二〇〇八年六月に母親による虐待の疑いで一時保護された。その後、潤は保育所へ送られてきたが、早速、母親は担任とトラブルを起こした。最初から母親の様子はおかしかった。保育士が母親から様子を聞くと職場の人間関係で精神不安定になっているようだった。母親は中学の時には自分の母親（潤の祖母）の介護で長く学校に通っていなかった。何とか入学した高校も中退し、寝たきりだった母親の面倒を見ていたが、時々疲れて家出し、戻ってきたら他の家族からはつまはじきされた。母親は自殺願望を持つようになって、精神的に異常を示すようになっていたが、出会った夫は、しっかりした男性で「この人を何とか救ってあげられるかもしれない」と思い結婚した。しかし、母親の人格障害のために、生活を共にすることが困難になり、潤が生まれてまもなく離婚した。

今は頼る知人もなく、子どもが「いのち」で、「この子を連れて逝きたい」と口走るようになった。A市の子ども家庭センターの職員が「子どもが危ない」と判断し、潤は保護されている。

二〇〇八年一〇月に保育所に入所した隆一は母親からネグレクトを受けていた。二三歳の母親には、小一、五歳、三歳、〇歳の四人の子どもがいる。彼女は四人の子どもを産んだが、子育てができず、子どもたちは毎日外を裸足で走り回っていて、A市の子ども家庭センターへは近所の住民から苦情がいつも寄せられていた。彼女は父子家庭で祖母に育てられた。極貧家庭の出身で、中学までしか学校へは通っていない。

子どもたちは、よく近所のパン屋からパンの耳をもらって食べていた。ネグレクトを受けている子どもたちは普通、虫歯だらけのことが多く、そこでネグレクトかチェックする。だがこの子には虫歯がなかった。菓子やジュースすら食べたり飲んだりしていないからだ。ご飯とパンの耳だけで夕食をすますこともよくあった。家の中には家具らしいものは何も

家庭の状況	虐待の相談件数	合わせてみられるほかの状況（上位３つ）		
ひとり親家庭	460件 31.8％	①経済的困難	②孤立	③就労の不安定
経済的困難	446件 30.8％	①ひとり親家庭	②孤立	③就労の不安定
親族、近隣等からの孤立	341件 23.6％	①経済的困難	②ひとり親家庭	③就労の不安定
夫婦間不和	295件 20.4％	①経済的困難	②孤立	③育児疲れ
育児疲れ	261件 18.0％	①経済的困難	②ひとり親家庭	③孤立

表６　虐待が起きた家庭の状況

注：2003年度に東京都の児童相談所が受理した児童虐待相談2481件のうち、児童虐待として対応を行った1694件の相談事例を対象。複数回答含む。東京都福祉保健局「児童虐待の実態Ⅱ」（2005年12月）

週刊東洋経済2008年５月17日号から作成

なく、テレビはあったが電話も料金が払えず止められていた。母親は働こうとしない男と同棲しており、この男が〇歳児の子どもの父親だった。

子どもたちへのネグレクトは保健師が気づいた。その後、保健師と保育所から市の子ども室とケースワーカーに連絡がいき、合同で子どもと母親に対する措置が決まった。

表６は二〇〇三年度に東京都の児童相談所に虐待の相談があった事例のケースが示されている。虐待がどのような家庭状況の中で発生しているか、非常によくわかるものだ。

ひとり親家庭での貧困、近所づきあいもない社会的孤立、非正規雇用や失業や不安定雇用などからの夫婦間の不和、孤立の中の育児疲れ、これらの状況が相互につながり、複合的な原因で虐待が起きている。これらの一つでも発生すると大変だが、同時に貧困、孤立、失業などが発生することもある。これでは、たいていの大人でも耐えられない。行政や地域社会の支援がなければ自己崩壊するのは当然ではなかろうか。こういう中で子どもに対する虐待が起きている。もっとも深部に共通するものは貧困であって、そこから人間を追い込む様々な問題が生まれている。

†ベテラン保育士がみた現実

保育士の山本さんは二〇年間、A市で保育士をしている。この二〇年間の最大の変化は子どもたちの体力が落ちたことだという。朝から疲れたという子どもたちが増えた。とくに、生活リズムがひどい。親の生活時間で子どもも暮らしており、大人と一緒に夜の一一時、一二時まで起きている。だから朝から廊下で寝る子、朝食抜きの子がすごく増えた。市内には公立保育所が十数所あるが、とくに文化住宅地域でそういう子どもたちが増えている。

山本さんも長い保育士生活のなかで、多くの複雑な困難を抱えた家庭を見てきた。山本さんが以前働いた保育所では単身母子家庭が三〇%だった。生活保護を受けている母子世帯、風俗店で働く母親、昼はパート、夜はスナックで働き、二重保育をしている母親など様々である。夜しか働いていない母子世帯の子どもは入所できないから、ベビーホテルか無認可保育所に預けているが、それらの家族の実態はもっと悲惨だ。

その保育所には、父子世帯が三世帯もある。ある世帯は、母親が夜働いていたキャバクラで男ができて子どもを置いて家を出た。この母親は貧しい暮らしのなかで「こんなとこでやってられない」とよく話していたようだ。別の父子世帯は、母親が人格障害で、父が子を引き取った。別れた母親はアスペルガー症候群で、人間的な関係性をつくるのが難しく、人との距離感がつかめなかった。その場の雰囲気をつかめないから、相手の状況と関係なく話しかける。この母親は子どもの時から、親に否定され続けていたらしい。父親が厳しい人で、自分は認めてもらったことがないし、「学校からも嫌われてきた」と自分では思いこんでいる。

生活の乱れはいたるところで起きている。この保育所の周囲では夜、一一時過ぎに子連れで銭湯に行ったり、子どもを連れて居酒屋に行く親たちや居酒屋で子どもが疲れて寝込んでいる姿がよく見られる。他に、保育所の中で子どもたちが「Hごっこ」をしたり、昼寝の布団の中で子どもがさわり合ったりする様子をよく見るようになった。家庭で親の性交渉を多くの子どもが見せられているのではないだろうか。

大阪の保育士たちの学習会で、保育士や保健師が集まって、親が二極化しているという話がされた。「子育てに生まじめに取り組んでしんどくなる人たち」と「自分のことや遊びで精一杯で子どものことに関心を持たない人たち」の二通りである。

若年出産した若い親たちには支援が必要だが、本当に支援が必要な親たちほど保育士や保健師たちの所にはやってこない。

第二部

高校中退の背景

第四章

なぜ高校をやめるのか

†やめる原因は複合的

やめる原因を分類することは簡単ではない。子どもの発達を阻害する様々な条件が複合的に重なった結果、中退は起きている。これまでの聞き取りと行政資料から、子どもの貧困を再生産する高校中退の原因が明確になってきている。その原因として考えられるものを次に列挙し、その内容を論じていく。

① 低学力
② 学習意欲の欠如
③ 基本的な生活習慣の訓練（しつけ）がされていない
④ 人間関係の未成熟
⑤ アディクション（もの、動物、性行動への依存）
⑥ 親からのDV・ネグレクト
⑦ 貧困層の囲い込み政策

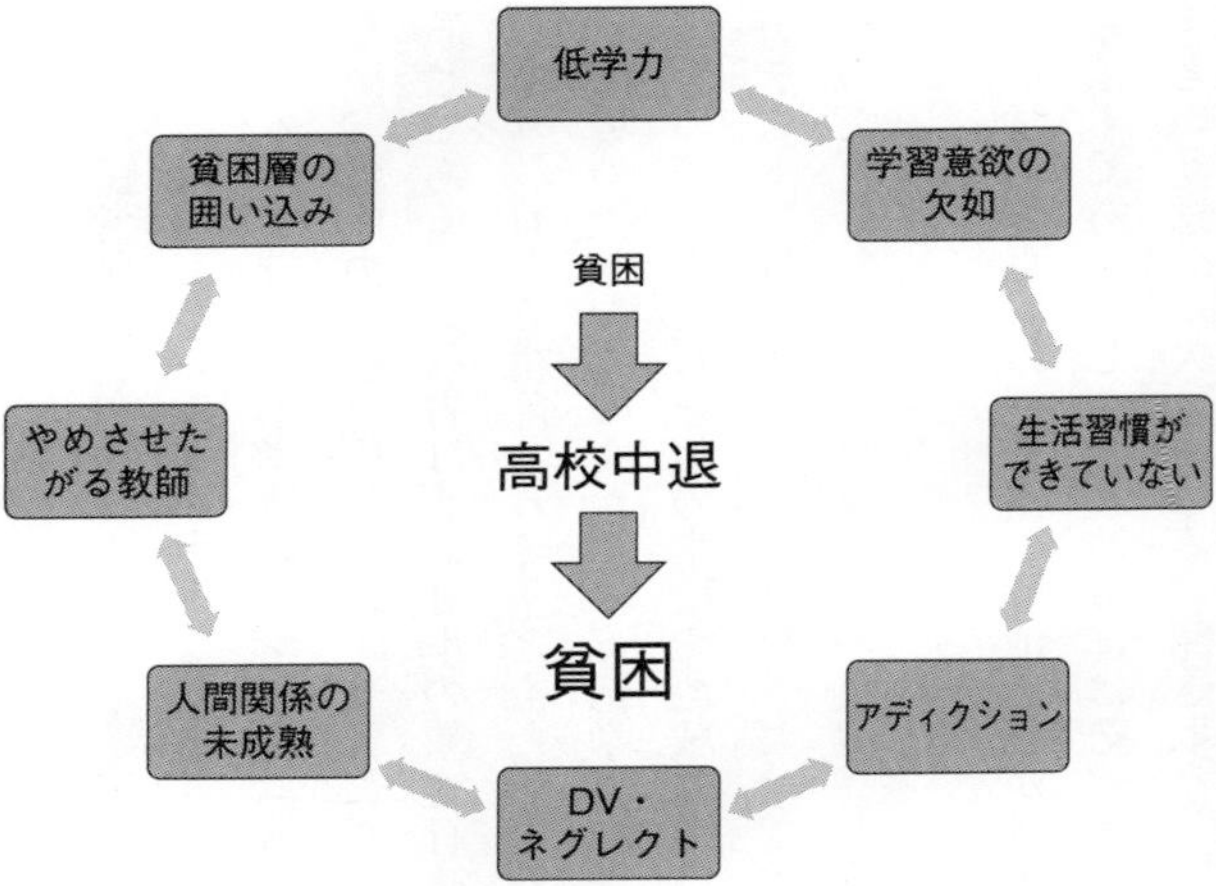

図7　高校中退の原因

⑧　やめさせたがる教師たちの存在

①　**低学力は生活能力のなさへ**

高校を中退した生徒は、小学校低学年程度の学力にとどまっていることが多く、小学校二年生で学んだはずの算数の九九ができない生徒、アルファベットが書けない生徒はめずらしくない。

全国学力テストが始まり、文科省や教育委員会が学校、親、そして子どもたちを競争に駆り立てている一方で、競争からはじかれた低学力の子どもたちが、中学では不登校になり、高校では中退している。アメリカでも二〇〇二年に成立した「落ちこぼれゼロ法」によって全国学力テストが義務化され、生徒の成績が教師の査定とリストラ、学校の民営化に利用されている。その影響で、アメリカでは高校生の卒業率が五割程度にまで落ち込んでいる（堤未果、湯浅誠『正社員が没落する』角川ｏｎｅテーマ新書）。

日本の学校では小学校の低学年で「落ちこぼれた」子どもたちを救う手だてはほとんどない。低学力のまま中学では不登校になり、高校に入っても中退していくのはアメリカと同じである。文科省はじめ日本の教育行政には、全国学力テストにかかる六〇数億円の経費を、教育から排除される子どもたちを救うために使おうという発想はない。

現場の校長たちのなかには、低学力の子どもを試験からはずしたり、学校選択などで低学力の子どもたちを他の学校や地域に追いやろうとしている校長もいる。二〇〇七年の学力テストでは、校長自ら「ゆびさし」で答えを教えたり、障害のある子どもを受験させなかったりしたことが問題になったが、点数競争の中でインチキが全国で広がるのは当然だろう。

低学力の克服は、貧困の解消でしか解決できないことを現場の校長たちもよく知っているはずである。しかし、彼らにはそれをいう勇気と低学力を克服できる学校づくりをしようという意欲が欠けている。聞き取りした中退した若者たちは、小学校低学年で授業内容がわからなくなってから、そのまま完全に放置されていた。

昼も夜も働く親が多く、親のいない夜を子どもたちだけで過ごし、つながりを求めて、夜中まで街を徘徊することになる。そんな子どもたちに学習習慣を求め、夕方、大きな鞄を背負って塾通いしている子どもたちと競争させることがフェアなのだろうか。

中学の頃から急激に増える不登校と低学力は強い関連性がある。中学から高まる受験圧力から逃れようとする子どもたちが学校を忌避しているのである。子どもの頃から学ぶ体験がなく、意欲も育てられなかった子どもたちにとって、受験など自分とは関係のないどうでもいい世界の出来事なのだ。低学力は生活能力のなさと直結する。

② 学校嫌いの子どもたち——学習意欲の欠如

授業や学校秩序になじめない子どもたちが増え続けている。子どもが育った家庭に人的資源があるか否かで子どもの学ぶ意欲が育つかどうかが決まっていく。幼児期から、親の一方的な怒鳴り声ではなく、双方向のていねいな会話がされてきたか。聞こえるのは、一日中つけっぱなしのテレビから聞こえる騒音ではなく、親からの語りかけであったか。本や新聞に書かれている内容が、家庭で話題にされてきたか。たまには、家族と一緒に出かけて自然を楽しんだり、旅の中で新たな発見をしたか。

子どものそういう経験は、新たな知識を学ぼうという意欲を育てるためには貴重である。学ぶことで自分の人生を切り開いたという経験を持たない親たちに、学ぶことの大切さを語れと要求してもむずかしいだろう。「学ぶことは生きること」ということを、親に代わって教える学校や地域のサポートがあればよいのだが、孤立して生きる貧困層にはそのような機関とつながることは困難である。そのように考えていくと、やはり学ぶ意欲を育てるための最大の阻害要因は貧困なのである。日々の暮らしに精一杯という親たちに子どもの学習環境をつくる余裕はない。中退した若者たちには、家庭生活のなかで学習意欲を育てるような家族との体験がほとんどなかった。

③ 居酒屋で夕食をとる子どもたち——基本的な生活習慣の訓練がされていない

中退した若者たちには、幼児期からの生活習慣の乱れが見られた。その乱れは青年期になっていっそう激しくなっている。

子どもの生活には規則的なリズムが必要である。そのリズムのなかで日常生活の習慣が訓練されていく。規則的な睡眠時間、三回の食事、衣服の着替え、入浴、歯磨きといった基本的生活習慣は、子ども期に親から伝えられるものだ。

親と居酒屋で夜遅くまで食事をしたり、夜中までカラオケボックスで遊ぶ子ども。リズムを壊すような生活によって、朝起きられず、保育所に朝食抜きで遅れて登所することになる。それが中学生や高校生になって夜中まで徘徊する習慣になっていく。中高生になって、学校から生活習慣の重要さを学んだとしても、それを急に身に付けるのは難しい。

④ なぜ、いじめがつづく――人間関係の未成熟

生徒同士や教員との関係性を豊かに築くことができる生徒は底辺校にはあまりいない。聞き取りでは、人間関係に苦しんだという声があがった。教員からは、嘆きとともに生徒間のいじめの多さも聞くことができた。

人間と人間とのつながりは、たがいに共感を抱き合う関係性から生まれる。たがいの生き方を学ぶことができ、そこからつながりができるものだ。しかし、たがいの生き方に共感したり、共鳴したり、そういうつながりをつくる経験が、聞き取りした子どもや若者にはなかった。人間関係を整理したり、まとめるためには他者に対する一定の許容能力や適応能力が必要だが、聞き取りした貧困層の家族にはそんなゆとりはない。

人間はだれでも「だれかとつながりたい」という強い要求を持っている。そのいびつな表れがいじめである。いじめは、グループ（クラス）のだれか一人を一緒にいじめることでつながろうという集団行動だ。底辺校にはそういういじめが必ずある。同じグループの一人をいじめの対象にすることで、自分が仲間から排除されることを防ごうとする。自分を守るために次々にいじめるターゲットを作り出していくのである。幼児期から、人とつながる経験の乏しい社会的に孤立した家族で成長すれば、子どもの社会性は攻撃性を帯びる傾向が強い。青少年の発達にとって最も影響が大きいのは家族との関係性であり、同世代の子どもたちとの関係性だ。その関係性が豊かであるかどうか、どのような家族や子どもも集団の中で過ごしたかが、子どもの発達にとって決定的な意味をもつのである。

⑤ 増える一〇代の出産——もの、動物、性行動へのアディクション

孤立している家族で成長した子どもや、自分をさらして安心して生きる場所が見つけられない子どもは、自分を裏切らない何かに依存する傾向がある。具体的には、ケータイをはじめとする「モノ」、ネコなどの動物、性行動に対する依存が強い。何かに依存することによって、自分の存在を確認するというアディクションの一種である。中学に入学して

まもない頃からの性行動や、一〇代での若年出産もその結果だ。寂しさを紛らわせるために子どもを欲しがる若者たちとはよく出会った。しかし、一〇代の若者たちが出産すれば、彼らを待っているのはいっそうの貧困であり、親世代からの貧困の連鎖がまたつくりだされることになる。

⑥ 子どもを愛せない親たち——親からのDV・ネグレクト

貧困で苦しむ想像以上のストレスと孤立感により、子どもが親たちの攻撃対象になるケースが多い。悲劇的なケースでは、それが子殺しにいたることもある。聞き取りのなかで、DVが家庭崩壊の原因となっているケースが多く見られた。DV・虐待・ネグレクトは貧困を原因とすることが多く、それが新たな貧困を生むきっかけともなっている。

その対策として、とりわけ若い親たちの子育ての状況を地域の保健師、保育士などがしっかり見守る態勢づくりが必要だ。子どもが学齢期になれば、学校と教師の役割も重要になる。地域社会で子育ての相談ステーションとしての役割が学校に必要になっている。

厚生労働省によると、全国の児童相談所での児童虐待に関する相談件数は、二〇〇六年度には、統計を取り始めた一九九〇年度の三三・九倍、児童虐待防止法制定前の一九九九年度の三・二倍に増加している。

⑦　底辺校に囲い込まれる貧困層の子どもたち

新自由主義教育のように競争と自由選択を優先すれば、高校の学区はより拡大されることになる（最後は無学区へ）。学区が拡がれば、選べる学校数は増えるが、高校の序列化は激しさを増す。それでも良いという立場もあろうが、それは「選ぶことができる生徒や親にとっては」という但し書きをつけるべきである。

いま問題なのは、学力の面からも経済的な面からも選択できない層が激増しているという状況で、学校間格差をこれ以上拡大し、競争を激しくしてよいのかということである。聞き取りからもでてきたが、中学の教員から「この地域では、お前はそこしか行くところはない」といわれて、学力下位層の生徒たちは底辺校に送り込まれている。学区がなくなったとしても、低学力で貧困な家庭の生徒たちにとって「学校選択」は絵に描いた餅だ。ランクが固定した底辺校は、そのような生徒が大半を占める。そのため学校文化は非常に偏ったものとなり、ある中退した生徒がいうように「中学はまだこの高校よりましだった」という絶望感をつくり出すことになる。

学校間の格差は、学区の拡大と選択制の組み合わせによって、政策としてつくり出されたものだ。高校間の格差は、低学力で貧困層の生徒を集めた偏った高校をつくり、多くの生徒の誇りを剝奪し、学ぶ意欲を失わせている。これは貧困層の「囲い込み」ともいえよう。また、高校の統廃合も底辺校から実施されている。

⑧ やめさせたがる教師たち

中退していく要因の一つに、底辺校では教師たちによって、自分からやめるように仕向けられたり、追い込まれていくケースが多いことにもふれておきたい。

底辺校には学校の規則や集団生活になじめない生徒が多い。また、子どものころから差別を受けて育ってきた生徒たちは些細なことでキレやすい。長時間の授業には耐えられず授業から抜け出すこともある。教師に少しでも注意されると異様なほど反抗的な態度をとる生徒もめずらしくない。暴言や暴力的な行為に周囲の生徒も引っ張られるため、そんな生徒たちが多い高校では、反抗的な生徒を早めにやめさせることができる教師が評価される。

退学させ方にもテクニックが必要だ。髪の毛を染めた生徒に「〇〇日までに直して来い」と命じて、同時に「直さなければやめる」と親子に約束をさせる。その間に、直さなければ、学校は猶予を与えたのにその約束を破るというのは、本人と親の責任だから退学もしかたない、と追い込んでいく。

最近は、学校の秩序を維持する「ソフトなやり方」が多くの学校で使用される。シャツの裾がズボンの外に出ていたなど制服の着方が正しくない、教師に呼ばれたのに返事をしなかった、遅刻が重なった、掃除をさぼったなど小さな規則違反でも見逃さず、「違反カード」を書かせ、違反を点数化し、一定の点数をオーバーすると罰を加えるというやり方である。一回では退学にはならないが、「断じて、例外は許さない」というメッセージがこめられている。それを日常的に繰り返されると、生徒はストレスを感じ出す。はじめは「こんなくだらない」と思っていても、毎日続くと、あきらめとストレスで生徒たちは徐々に弱っていく。そのうち、条件反射のように規則を守り、まさに「規格化された身体」が作られていくのである。馴らされた生徒は高校に残るが、疲れ果て、耐えられなくなった生徒はやめていくのである。

「○○人やめさせて、ずいぶん楽になりました」といった言葉が、底辺校では日常的に聞かれる。「彼らがいなくなったら学校は落ち着く」「彼らがいたら他の生徒に迷惑になる」

と退学させることを正当化する論理がまかりとおるのである。

それでも、自分を権力的な存在だと考えている教師は不思議なほど多くない。「多くの生徒のため」という善意の装いが問題の根を深くしているのだろう。

†文科省は高校中退をどう見ているか

高校を中退していく生徒の半数以上が一年生である（図8）。彼らの多くは高校を入学するとき、必ず卒業しようとは思っていない。高校で学習したり、様々な自主活動を身につけて将来の社会生活に備えよう、というような意欲や希望をはじめから持つことなく高校に来ている。高校に求めるものがなければ、やめることに迷いが生じることはなく、彼らの決断は早い。そのため、中退していく生徒の九割以上が、一、二年生の間にやめるのである。

小学校の低学年で理解しているはずの九九ができない、割り算ができない、分数計算ができない、アルファベットが書けないといった高校生が底辺校にはどこにでもいる。小・中学校で授業にまったくついていけなかった生徒たちや、学習障害（ＬＤ）を放置されてきた生徒たちがそのまま高校に入学してくるのだから、それは驚くべきことではない。底

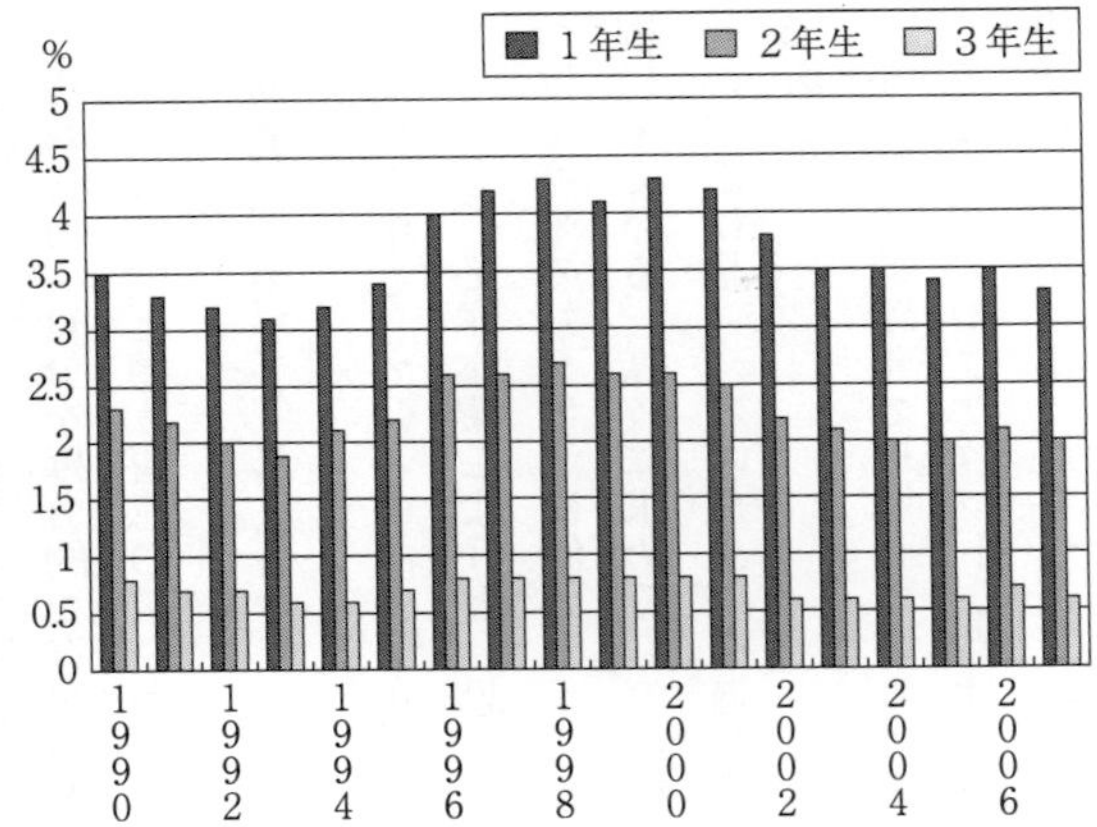

図8　学年別中途退学者の推移

文科省2007年度「児童生徒の問題行動等生徒指導上の諸問題に関する調査」から作成

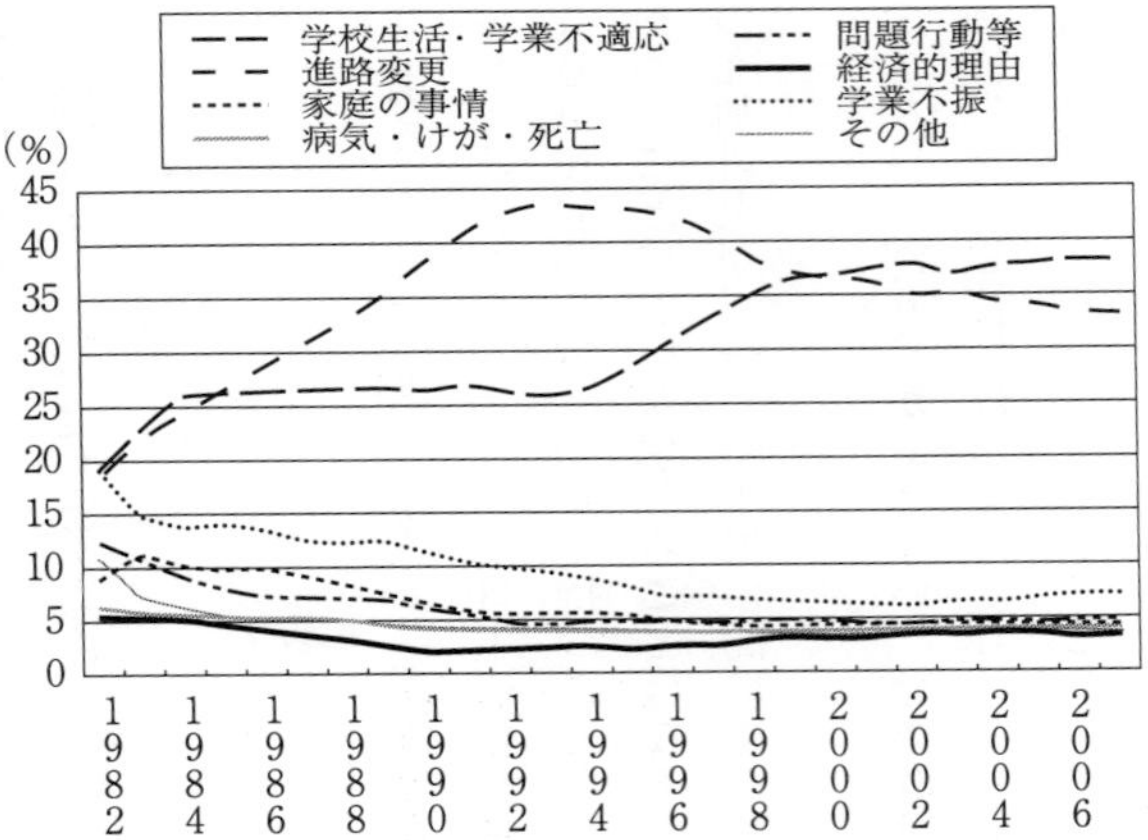

図9　事由別中途退学者の推移

文科省2007年度「児童生徒の問題行動等生徒指導上の諸問題に関する調査」から作成

辺校では、こういう生徒が多すぎて、教師たちはすべての生徒に対して学習意欲を育てるために働きかけることを諦めざるをえないのが現実だ。

文科省の統計では、高校中退の理由は、①学校生活・学業不適応　②学業不振　③進路変更　④病気・けが・死亡　⑤経済的理由　⑥家庭の事情（経済的理由は除く）　⑦問題行動等　⑧その他に分類される（図9）。①学校生活・学業不適応　③進路変更で八〇％を占め、①②③を合計すると八五％にもなる。文科省の分類では、⑤経済的理由　⑥家庭の事情　⑦問題行動等で中退する生徒は少ない。しかし、前述したように実際は、事件を起こして中退する生徒はあまりおらず、ほとんどは、貧困を背景とする低学力と意欲のなさである。この文科省の統計上の中退理由と、今の高校中退の実態を付き合わせてみると、次のようになるのだろう。

① 学校生活・学業不適応

現在の高校教育のレベルに対応できる学力や卒業したいという意欲を持つことなく、教師や親から「高校ぐらい行け」といわれて、いやいや高校に入学した生徒たちは、入学した当初から、毎日、規則的な時間と計画に追われる。「学校生活と学業」に適応する意欲もない。だから「学校生活」と「学業」のどちらからもこぼれ落ちていく。

② 学業不振

小学校レベルの学力も十分付いていないような低学力の子どもたちにとって、高校の授業に耐えられるだけ学力をつけることは非常にむずかしい。高校には低学力の生徒たちを支援する余裕がないのが実状だ。入学してまもなく、あきらめてやめていく低学力の生徒は多い。「①学校生活・学業不適応」と分ける必要はほとんどないと思われる。

③ 進路変更

高校生活に仲間や新しい学びを見つけようと一度は考えた生徒たちも、底辺校は底辺校なりの学力競争や教師たちの厳しい管理のもとで押しつぶされて、絶望しながらより易い道へ「進路変更」していく。進路変更といっても、普通科から工業科への学校類型の変更といったものではなく、多くは学校生活を通して学びや仲間づくりをあきらめるという「進路変更」だ。

高校での現実を考えると、高校中退の理由を①②③で分けることは不可能だ。高校中退を減らすために必要なことは、小中学校で基本的な学力をつける仕組み、学習意欲が全くない生徒を出さない仕組みを、教育制度としてつくることである。また、すべての子どもに学び直しの機会を制度としてつくるべきだろう。

†やめた後から現実を知る

中退した若者たちが得た仕事は、男性では工場内の清掃（時給八〇〇円の「名ばかり正社員」）、宅配便の分配（派遣）、ガソリンスタンド（アルバイト）、建設業（正採用でも日給）、化粧品会社の工場（正採用）、ホームセンター（アルバイト）、スーパー（アルバイト）、ケータイショップ（アルバイト）、ホスト（日給）などであった。やはり建設業関係の日雇いが圧倒的に多い。女性では、スーパー・一〇〇円ショップのレジ（アルバイト）、食品関係の工場（アルバイト）、パチンコ店（アルバイト）、キャバクラ、そして風俗店だった。女性の仕事は飲食店関係のアルバイトが目立った。雇用形態はほとんどがアルバイトだ。一〇〇人ほどから聞いたが、正採用と思われるのは男性一人だけだった。

中退した若者たちのほとんどは、高校中退が、仕事を探すときにこれほどハードルをあげるとは予想していなかったようだ。

「高校生の頃はアルバイトの仕事はあったが、中退したらバイトもない」

「いくら仕事をしても、次の仕事の時に考慮されない」
「レジでアルバイトしたくても、昼間はおばさんたちがいてなかなか仕事をさせてもらえない」

スーパーなどでも、経験がある女性を雇うことが多い。いつ、やめるかわからない中退した若者をなかなか雇おうとしないのが現実だ。中退した女性にとって、キャバクラや風俗店の仕事は比較的に多かったが、最近の不況でそれもなかなか難しくなった。彼らに共通する言葉は「やめたら仕事はない」である。

彼らには、将来、生きていくための、職業上の資格も経験も学習体験も、彼らを支えるサポーターもいない。裸で社会に放り出されていく状態がこれからも続いていく。職業訓練の場やその間の生活保障制度があれば、社会のために貢献し、自立の道を探すことも可能だろうが、今はそういう制度がほとんどない。

†高校中退が人生の分岐点

就業状況を見るだけでも、高校を卒業したかしないかで、今後の人生のコースが大きく異なってくることがわかる。

子どもが教育から排除されれば、その後に続く人生の可能性が奪われる。貧困は子どもたちから、学ぶこと、働くこと、人とつながること、食べるなど日常生活に関することまでも、その意欲を失わせている。彼らから話を聞いていくと、ほとんどの若者たちが、経済的な貧困にとどまらず、関係性の貧困、文化創造の貧困など生きる希望を維持できない「生の貧困」に陥っている。それが親の世代から続いている。

高校の序列化が固定することで、高校教育による社会階層の移動の可能性も失われている。そのため、多くの子どもたちにとって、異集団の中で文化や価値を対立させたり、交流させたりしながら、地域社会で連帯を育てるという貴重な機会が失われている。貧困世帯の子どもたちを底辺校に囲い込むことで、同世代の異なる階層の若者たちと出会う機会がなくなり、同世代の若者たちからも孤立する状況が生まれている。高校中退は若者たちの中にも分断をつくっているのである。学校間の格差（階層間格差）はそのまま若者たちの集団をも分断している。

教育は、セーフティネットという事後的な救済ではなく、若者たちが自律的な生き方ができるように支援するという意味での社会保障機能として考えるべきだろう。そう考えると高校の無償化が必要になる（斎藤純一「公共的なものと社会的連帯」『壊れゆく世界と時代の課題』岩波書店）。そのような無償化と同時に、私は高校教育の義務化が必要だと考えている。

中卒や高校中退の若者たちの就業状況はもっとも劣悪なものだ。就業構造基本調査では東京一五歳から一九歳の有業者の中でパートやアルバイトの占める割合は八五％（二〇〇二年）に近く、全国平均の約七〇％を大きく上回っている。中卒や中退者のそれはさらに深刻だ。私が中退した若者たちからの聞き取りからは一〇〇％に近かった（宮島基「東京の若者たちの〈学校から仕事へ〉」、乾彰夫編『一八歳の今を生き抜く』青木書店）。高校中退など教育機会からの排除を受けた若者たちは、同世代の中でももっとも深刻な不安定雇用に陥っているが、そこから抜け出せないのは低学歴が大きな壁になっている。毎年、一〇万人もの若者から就業機会を奪っている高校中退の実態と、大学進学率が五〇％を超えるという高学歴社会の現実から、若者たちの貧困は構造的に作り出されているともいえよう。中退した若者の貧困化を防ぐには、高校を義務化するなど高校制度を技能教育など雇用に結びつくものに転換することがまず必要だと私は考える。

第五章

高校中退の問題点

†なぜいままで高校中退が問題にならなかったのか？

高校中退が社会問題として考えられてこなかったのは、高校中退率の「低さ」のためである。文科省の調査でも、一九九〇年の一二万三〇〇〇人をピークに、一九八二年〜二〇〇七年の間、七万人から一二万人ほどの高校生が中退していたが、中退率は毎年ほぼ二％台と報告されていた。

一八〇頁の図八は文科省の学校基本調査から私が作成した図だが、一九九六年から二〇〇一年までは一年生の退学率だけで四％を超える中退者が出ている。それが在校三年間で二％程度に減ってしまうのはおかしな計算というしかない。

その実態をより詳しくイメージしてもらうために、表7をみていただきたい。(A)には二〇〇二年から二〇〇五年の五月一日に、全国の国公私立高校（全日制と定時制）に在籍した生徒数が記されている。(B)は該当する生徒が三年後に卒業した数である。(C)は在籍数－卒業者数＝非卒業者数である。非卒業者数は、七万人から一〇万人近くまで推

	2002年度	2003年度	2004年度	2005年度
A在籍数(各年度5月)	1,276,349	1,277,837	1,217,147	1,186,670
B 3年後の卒業者数	1,202,738	1,171,501	1,147,159	1,088,170
C非卒業者数	73,611	106,336	69,988	98,500
非卒業者率	5.80%	8.30%	5.80%	8.30%
文科省発表の中退率	2.10%	2.10%	2.20%	2.10%
同中退者数	77,897	76,693	77,027	72,854

表7　全国高校の非卒業率と中退率の比較
非卒業者は文科省生涯学習政策局学校基本調査をもとに作成
文科省の数値は初等中等教育制度改革室の回答をもとに作成

移しており、その割合はいずれも五%を超えている。いずれも文科省の生涯学習政策局の学校基本調査から確認したものだ。文科省発表の中退率とは大きな差がある。

非卒業者とは、中退者、留年者や、外国の学校への留学、死亡などによって卒業できなかった生徒を指す。留年、留学、死亡はさほど数に影響を与えないと思われるため「非卒業者数≒高校中退者数」と考えてよいのではないだろうか。

また表七の太枠内の下段には、全国の都道府県から提出された中途退学者の総計も記している。それは学校ごとに一年から三年生（定時制は四年生もいる）で中退した生徒を合計したものだ。その上には、文科省が発表した中退率も記している。この中退率と非卒業者率の差はなぜおきるのだろうか。

文科省の中退率の算出方法は「ある年度の学校全体の

中退者数÷ある年度当初の学校全体の生徒の在籍数」である。その年度当初の在籍数とは、一年から三年までの三学年の生徒数の総計を指す。この計算方法では、あくまでその年度の学校全体の中退率を出すものであり、それでは現実を正確にとらえきれない。より正確に中退率を算出しようとすれば、先ほどの表七でおこなったように、ある年入学した一学年の三年間の中退者数を調べ、それをその一学年の数で割らなければいけない。

学年があがるにつれ、中退者数は減るため、文科省の計算ではあきらかに中退率は下がる。文科省の算出方法では、学校全体の生徒数を母集団にすることで、中退率はおおよそ現実の三分の一になる。つまり、母集団を文科省のように学校全体とするか、私のように学年毎とするかで結果は大きく違うのである。

計算の方法はその目的によって多種あってもいい。しかし、中退問題の大きさを隠蔽するために、このような計算で数値を発表したのではないだろうか。中退率が二〜三％なのと、八％とするのでは社会に与える衝撃の大きさはあきらかに違ってくる。私は、現在の文科省の中退率の表し方はおかしいし、実態を正確に示したものにすべきだと思う。

中退率については、まだいくつか問題がある。学校を退学しても定時制、通信制、サポート校（私立の通信制学校）などに転学した生徒は中退とはみなされず「転学」とする場合が多い。全日制高校を退学して通信制などに入った生徒の卒業率は低く、底辺校からの転学者の卒業率はさらに低い。転学者を中退と考えると中退者は大幅に増えることになる。しかもほとんどの都道府県教委や文科省は転学後の生徒の行方については調査していないのである。

埼玉県東部のA高校では、教員たちは例年、学年のスタート時に二〇〇人の新入生のうち、退学者を一〇〇人以下に抑えようという目標を立てるがほとんど毎年達成できていない。二〇〇人入学して一〇〇人がいなくなるとすると中退率は五〇%だが、文科省の中退率の表し方では全校の在籍生徒数で割るので三分の一程度になる。高校中退が社会問題化しなかったのは、文科省が中退の実態を正確に社会に伝えてこなかったからである。

†特定の高校に集中する中退者

それでは、中退者はどのような高校に多いのだろうか。これまでの内容から感じ取れるかもしれないが、学力が低い底辺校に、中退者は集中する。それを明確に表しているのが図10である。埼玉県で、二〇〇四年度入試の平均点が最も高い二八校のグループを「G1」(二〇〇点満点で平均約一六〇点)、最も低い二八校のグループを「G5」(平均約五〇

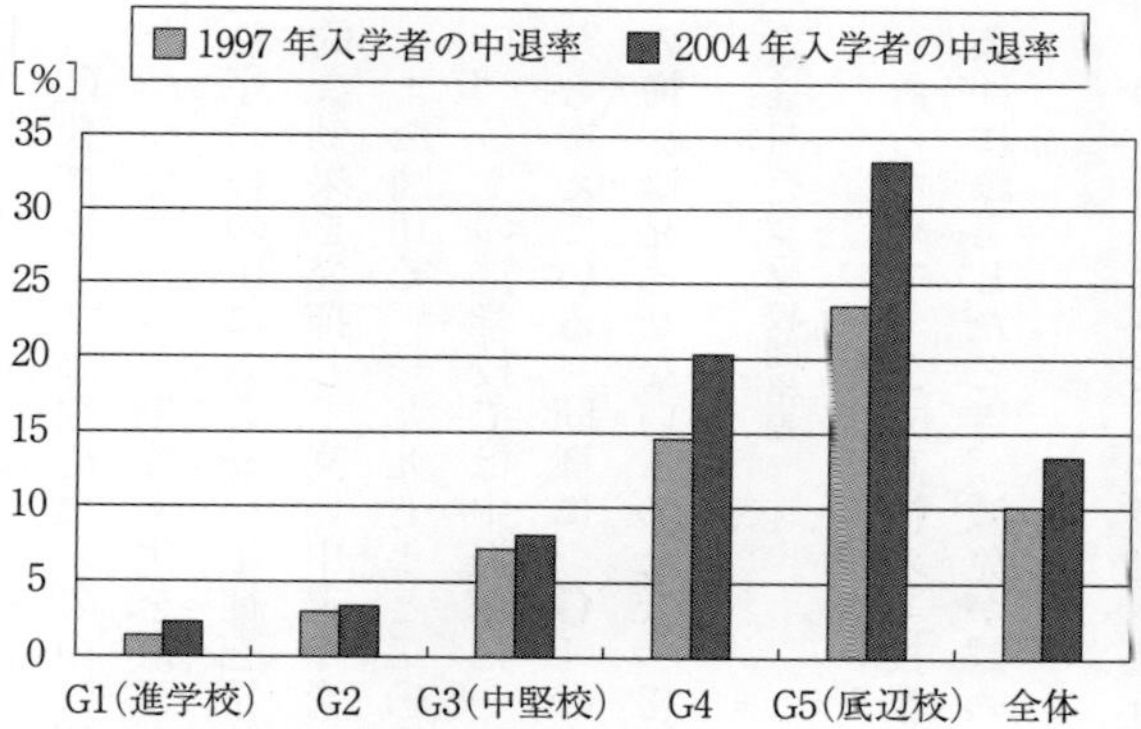

図10　埼玉県立高校の中退率

2004年度入試資料及び埼玉県教育委員会高校教育指導課の資料より作成

点）として、県立高校を学力順に五つに分類し、グループごとの中退率をグラフで示した。五教科二〇〇点満点の試験だが、トップの進学校の平均点は二〇〇点に近い。しかし、逆に最下位の底辺校の平均点はその四分の一以下で、G5グループの学校には入学試験の点数が〇点に近くても合格できる学校もある。

　二〇〇四年度埼玉県立高校に入学した生徒の中退率は一三・四％である。全県立高校一四七校のうち、四〇校で二〇％以上の生徒が中退している。さらにその詳細は、四〇％以上中退した高校が一〇校、三〇％以上が一一校、二〇％以上は一九校あった。しかも、表のように、中退者はG4、G5のグループの高校に集中している。逆にG1グループの高校には中退する高校生はほとんどいない。

Ｇ５グループの生徒たちの中に沈殿する「学校や勉強は面倒くさいし、もともと来たくなかった」という学校文化を拒否する意識と、教師の「学校秩序を維持していくためには、秩序の枠の中に入らない生徒を早く切らなければならない」という両方のベクトルが相乗的な効果を発揮して高い中退率をつくっている。

また図10で、一九九七年と二〇〇四年を比較しているが、底辺校の中退率の増加は著しい。Ｇ１の進学校では中退率は一％ほどしか増加していないが、Ｇ５の底辺校では、一〇％も増えている。同様に、Ｇ４のグループでも増加していることから、底辺校での中退率の増加は見逃せないものとなってきている。

†授業料減免と学校間格差

あらためて、公立高校の「授業料の減免」という制度について言及する。以下の五つの条件に該当したとき、減免が認められる。

① 保護者が天災その他不慮の災害を受けた場合

② 保護者が死亡又は長期の傷病にかかった場合
③ 保護者の失職、転職等により家計が急変した場合
④ 保護者の当該年度の市町村民税（所得割）が非課税の場合
⑤ その他授業料の納入が困難な者で別に定める場合（児童扶養手当を全額受給している場合など）

この授業料減免を受ける家庭の割合を、さきほどの中退率と同様に、五つのグループごとに整理したものが図11である。G1グループの授業料の減免率は低く、逆にG5グループの減免率は高く、この七年で減免率が二倍に増えていることがわかる。授業料の減免率は、生徒の生活の貧困度を示すものであり、家庭の所得が入学する高校選択に非常に大きな影響をもっていることがわかる。また、進学校と底辺校との減免率の差が拡大していることから、今まで以上に家庭の所得によって入学する学校が固定化されていることも想像できるだろう。

二〇〇九年度の入学式を迎えた四月はじめ、二十数パーセントの生徒が減免を受けている埼玉県立M高校で、一年生の教員たちが困惑する二つの出来事が起きた。

ひとつめは、入学説明会も終わった三月三一日になって、四月に入学する予定の新入生

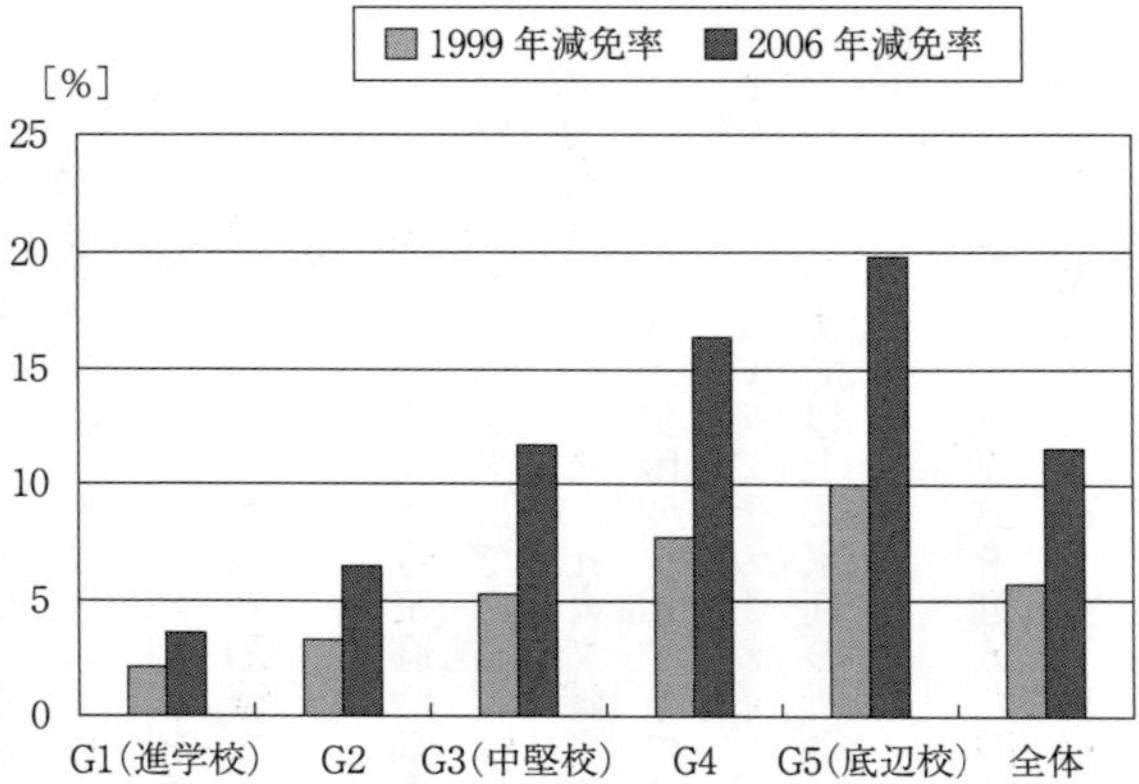

図11　埼玉県立高校の授業料減免率
埼玉県教育委員会財務課資料より作成

の親から「入学を辞退したい」という電話が突然入ったことだ。「入学にかかる金が用意できない」というのである。県立高校の入学金は五六五〇円であり、授業料納入は五月から始まり、最初の支払いは一万九八〇〇円である。四月には支払う必要がないにもかかわらず、このような申し出があった。

ふたつめは、四月の入学式の朝、一年生の女子生徒と親が「実は制服を買っていない」と担任に申し出た。担任はあわてて学校の玄関にある展示用の制服を貸して何とか入学式は終えたが、その後、親から「教科書は買ったが、制服、体育着、靴類はまだ買ってない」という連絡があった。制服が買えないという生徒は過去にもいたが、入学式の日までどうにもならなかったのはM高校の教師たちにとって初めてだという。

その生徒は五月になっても制服や体育着などを購入できず、学校を休む日が多かった。ところが、五月の連休が終わってまもなく、この生徒が学校に毎日登校するようになり、クラスに友だちもできた。この生徒が登校するようになったのは、自分の制服や靴、体育着がそろってからだった。

「生徒にとって、いくら教師が善意のつもりで、ジャージがないのなら持っているシャツでいいよ、といっても、今の子どもが一人だけ違うシャツを着て学校で授業を受けることなんかできるはずがないです」と担任の教師はいう。「制服やジャージを買ってから生徒の顔つきがぱっと明るくなったのがわかりました」と担任の教師も嬉しそうに話していた。家庭の経済力は子どもの不登校に大きな影響を与えていることを示した実例だった。

†大阪の増え続ける授業料減免

埼玉県と比べて、大阪府の子どもの貧困の状況はいっそう深刻である。図12は、大阪府の全日制の府立高校一四四校を減免率をもとにして、減免率の低いグループをG1として、G5までの五つのグループにわけたものである（各二九校ずつ、G1だけ二八校）。授業料

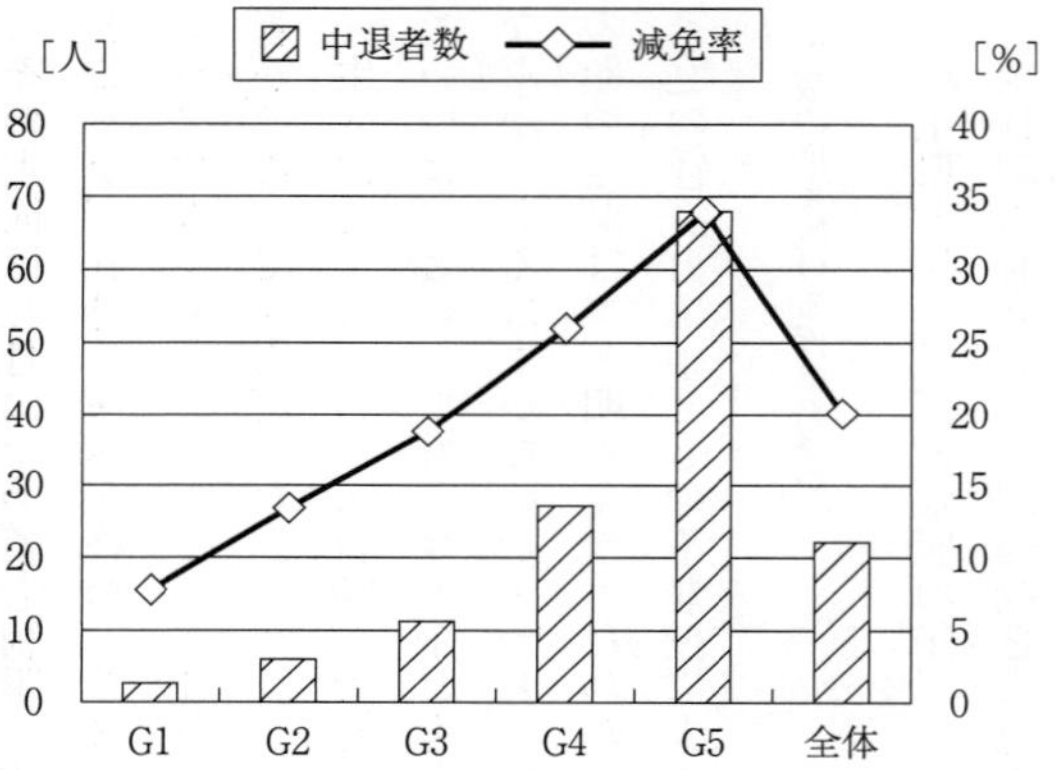

図12　大阪府立高校の中退率と減免率

2007年度の大阪府教育委員会の高校教育指導課及び財務課の資料から作成

の減免を受ける生徒の多さに驚かされるが、貧困家庭のG4、G5の生徒が多く中退している実態がみえるだろう。

それぞれの一校あたりの一学年の中退者数の平均は、G5－六八人、G4－二七人、G3－一一人、G2－六人、G1－二・六人である。この格差の大きさをどう表現すればいいのか、言葉に詰まるが、これが大阪府立高校の実態である。

この図から、減免率と中退者数には密接な関係があることがわかる。G5の減免率の平均は三三・九％で、中退者数は平均六八人だが、G1では減免率の平均は七・八％で、中退者数は一校でわずかに二・六人でしかなかった。一学年で一人中退するかどうかかという数である。

なかでも、大阪府教育委員会がエル・ハイスクール（エルは学習 learning のLだという）と命名し、進学エリート校に指定した高校一七校のうち一五校がG1に入っている。そのエル・ハイスクールでの減免率の平均は八・一％で、中退者数の平均もG1よりさらに少ない一校平均二・一人だった。学習意欲（中退数）と貧困（減免率）との密接な関連がよくわかる結果となった。

問題なのは、大阪の教育行政がこの格差を縮めようとするのではなく、逆に政策的に拡大する方向で進んでいるようにみえることである。貧しい家庭の子ども、学習意欲を失った子どもを一定の高校に囲い込んで、そのまま中退するまで放置しているように思える。府教委の関心の中心は進学競争だろう。

†授業料の減免者を減らしたい教育委員会

埼玉県で授業料の減免を受ける生徒数は一九九〇年から一九九七年まではほぼ横ばいが続いたが、一九九八年から急激に増加し、ピークになった二〇〇五年には減免者数は二・四倍、減免率では四倍にまで増えた。二〇〇五年度には、生徒の一割（一万二〇〇〇人）

が減免を受け、減免総額は一二億五〇〇〇万円に達した。そのため、財政を圧迫していると問題になり、埼玉県は二〇〇七年から減免対象者を絞り込んでいる。

従来は、四人家族で世帯年収が約三八八万円以下なら全額免除、約四三七万円以下なら半額免除だったが、二〇〇七年度から半額免除は廃止し、四人家族の世帯年収が三三〇万円以下（市町村民税の所得割が非課税）から授業料の免除を申請できる制度に移行した。

二〇〇五年の生活保護制度の改革に伴って、高校の授業料、入学金、通学費、学用品費等、教材費等の高等学校等就学費が生活保護費から支払われることになった。しかし、授業料の減免を受けている困窮家庭では、支給された金を生活費に使ってしまって学校に支払えなくなったという話はめずらしくない。その影響もあり、埼玉県では二〇〇七年度授業料の滞納が二〇〇六年と比較して一・六倍に増えている。全国的にも同じような状況が拡がっている。

また、埼玉県では定時制、通信制高校に在籍し、定職を持つ生徒や年間九〇日間以上仕事を続けた生徒、生活保護や授業料減免を受ける世帯、心身に疾患を持つ生徒などを対象に、給食費のうち一食について五二円、および教科書費を補助しており、その予算は総額で一四七四万円だった。

県教委は二〇〇九年度から生徒たちの反対を押し切りこの制度を廃止した。県教委は廃止した理由に、定時制入学時に定職に就いている生徒が補助制度が始まった一九六六年から大幅に減ったこと、不登校経験者や中途退学して入学してきた生徒が増え、定時制の生徒が多様化したことを挙げた。ところが、二〇〇八年の県教委自身の調査でも、定時制の全生徒のうち四五％が、教科書費、給食費の補助を受けざるをえないほど困窮していたことが明らかとなったのである。

定時制に入学してくる生徒は全日制の入学者より貧困度はいっそう厳しく、心身に疾患を持つ生徒以外、ほとんどの生徒が働いている。定時制の生徒にとってこの補助は貴重で、給食は一日でもっとも栄養をとる機会となっている。総額一五〇〇万円に満たない補助を切ることによって、その代わりにどのような施策が可能となったのか、埼玉県には説明責任があるだろう。

†授業料だけではない公立高校の集金

ここまで、授業料の減免について詳しく述べてきたが、高校で集金されるものは授業料だけではない。大まかに分けて次のものが集金される。

① 法律上の納入義務があるもの（授業料）
② 生徒の個人的費用に充てているもの（旅行費用、教材費、給食費）
③ 団体会計（PTA、後援会、生徒会、同窓会など）
（近藤満「授業料収納事務と生徒指導の関わりについて」『平成一七年度埼玉県高等学校定時制通信制教育研究協議会』を参考にした）

①には減免制度があるが、他の納入金には減免制度がない。しかも、授業料の減免は保護者からの申請がない限り、認定されず、減額も免除もされない。減免制度を保護者に周知しようという自治体や学校の姿勢によって受給する数は変わるはずだ。②は減免の対象にはならず、最も高額であり、払えない生徒が増え、問題が起きている。③の団体会計では、生徒会費は減免の対象にならない学校が多いが、他のPTA会費などは減免の対象にしている学校もある。ただ、団体会計は任意のものが多いので、納入しない生徒がいる場合は、他の生徒が負担するという構造になっている。

また、学校事務職員の話では「保護者のなかには授業料の減免の書類を書けない親、はじめから書類を書く意欲のない親」も増えたという。入学して一学期のうちに退学していく生徒は授業料の減免を認められる前にやめていく。生徒の個人的費用に充てている集金(②の費用)は、便宜的に分割して毎月集金しているが、集金の中で最も高額になる学校が多い。未納の場合は、修学旅行などに参加させるかどうか問題になるが、最近、底辺校では事前に納入できない生徒が多く、修学旅行の出発直前まで、生徒の自宅まで旅行業者に集金にいかせる学校も増えている。その他、部活を始めるとユニフォームや遠征費など部活動にかかる親の負担も決してバカにならない額になる。

前出の埼玉県立M高校の大村教諭は、「うちのレベルの学校では部活動も難しいです。サッカーのユニフォームは学校で準備しないと個人負担は経済的にできません。遠征も無理。合宿も学校の合宿所で通いでしかできません。そうなると、チームを強くできるはずがない」と嘆く。

「部活動でも、すべての点で、うちの生徒は自信がない。学校の中では、元気があっても、学校の外に出ると沈んでしまう。近くの東京にも行けない。修学旅行の準備のための遠足で、羽田に行こうとしたら、成田に行ってしまった生徒もいた。JRの『成田エクスプレス』がたまたま駅に停まっていて『空港』と書いてあったから乗ったという笑えない本当の話もあった」とも語っていた。

また大村教諭は「うちの生徒にとって、修学旅行で飛行機に乗るという経験は生涯で最初で最後になると思います。彼らはこれからもいっそう貧困の中で暮らしていくでしょう。修学旅行も二泊しかできませんから、沖縄に行って観光地をめぐるしかないのです。生徒が二度、三度と沖縄に旅行する可能性があるなら、体験型修学旅行とか、いろいろやってみたいと思いますが」と話す。

†高額な教育費が家庭を襲う

憲法二六条には「義務教育は無償とする」とあるが、日本国憲法が制定されて以来、本当の意味で無償となったことは一度もない。それどころかOECDの調査では、日本は世界で教育費が最も高額な国である。文科省の「平成一八年度子どもの学習費調査」によると、子どもの教育に親が支出した額は年間に平均すると、公立中学に通う子どもで約一七万円。公立小学校では約一〇万円だった（表8）。これは学校外の活動費は含んでいない。

この種の調査は多いが、その一つ、二〇〇九年春、新日本婦人の会が行った高校入学時にかかった費用の調査によると、公立高校では、平均が約一六万八〇〇〇円。私立高校では、四四万三〇〇〇円だった。公立高校でも費用には大きな格差があり、同調査によると、最低約七万七〇〇〇円から最高は約三三万五〇〇〇円だった。費用の中でも特に高額だったのは、制服代で四万五〇〇〇円。高い学校では約一〇万円もかかっている。私立高校の入学時の費用は、最低でも二一万四〇〇〇円、最高は七八万五〇〇〇円かかっている。総務省が示している高校の授業料の基準額は、この四〇年間で月八〇〇円から九九〇〇円へと一二倍に増えている。

義務教育の完全な保障のために、就学援助をいっそう充実させ、給食費などの外部化された費用も教育費の一部として国庫負担にすることを具体的に検討すべきではないだろうか。また、現実的に九八％を超える子どもたちが入学する高校を義務化してやはり国庫負担とすべきだ。そういう検討をしなければ、小中の段階から、本来は教育費として必要であるにもかかわらず、外部化した費用のために大きな格差ができていくことは間違いない。

〔単位：円〕

	公立中学校	公立小学校
給食費	36,583	40,937
通学関係費	36,819	15,969
教科活動費	26,497	2,550
修学旅行・遠足など	25,317	6,422
学習材料費	24,682	18,640
学校納付費	15,611	8,912
その他	4,257	4,162
合　計	169,746	97,592

表 8　子どもの学習費（学校外活動費は除く）

2007 年度文科省「子どもの学習費調査」より作成

†囲い込まれる生徒たち

例年、春には週刊誌が大学入試特集号を発行する。今年も、「難関大合格者が増えた全国四〇〇高校」、「あの有名進学校は、この難関大に強い」「国公立大医学部に強い二〇〇高校」という宣伝文が並んでいるが、この雑誌によると「有名難関大学」へ進学者が増えた高校数は全国で四〇〇校程度だという（サンデー毎日特別増刊「高校の実力」）。

しかし、全国には五二四三校（二〇〇八年度）の高校があるが、「有名難関大学」に合格者を多数出しているのは、国公私立の中高一貫校（二〇〇七年度一六二校→二〇〇八年度二二〇校）、中等教育学校（二〇〇七年度三二校→二〇〇八年度三七校）がほとんどだからそれらの週刊誌に華々しく登場する高校は全国の高校の一〇分の一ほどでしかない。

これらのわずかな高校が、小学校の頃からの塾通いで受験学力を身につけた子どもたちの「獲得競争」をしているのである。獲得に成功すれば、必然的に難関大学に合格する生徒も増えてくる。そのようにして、「有名難関大学〇〇名合格」という看板を掲げることになる。「あの高校にいけば甲子園にいける」といって、野球有名校に入学することがあるが、野球が受験に置き換わって、「あの高校にいけば難関大学に入学できる」といった

	進学校	中堅校	底辺校	全体
もっと勉強したいから	**12.7**	**4.3**	**3.1**	**6.7**
人間性を身につけたい	2.7	3.1	7.3	4.2
大学にいきたいから	**41.2**	**14.0**	**4.7**	**21.1**
就職に有利だから	5.4	14.8	2.1	11.2
卒業後専門学校に行きたいから	0	8.2	11.5	6.4
友達をつくりたい	4.0	5.8	3.1	3.5
すぐに働くのがいやだから	1.0	2.3	2.1	1.7
みんながいくから	23.5	14.0	5.7	17.1
中学卒で就職したくないから	3.6	8.2	4.2	6.8
親が行けというから	1.0	2.7	6.3	2.8
高卒の資格がほしいから	**5.0**	**22.6**	**30.7**	**18.4**

表9　高校入学の目的
さいたま教育文化研究所で原健司と合同で調査

構造に支配されている。野球有名校も進学校もすでに固定されている。「教育（子ども）より経営（カネ）優先」という日本の教育の現実を示している。

このような競争と全く無縁な位置にあるのが底辺校である。有名大学を受験する生徒など一人もいないから先の雑誌に登場することはなく有名大学の枠には空欄が続く。受験勉強とは無縁の生活をしてきた子どもたちの集団である。親の経済力から塾などの教育機会が、ほとんどなかった子どもたちが底辺校に入学する。底辺校は低学力の生徒が集まっているというだけではない。貧困層の子どもたちが集中して入学している学校でもある。

底辺校は教員委員会からの財政、人材の支援も少なく、設備面での支援もなく、地域からの支援もない。

最近の中退は、なにか事件を起こして中退する生徒はそれほど多くはない。聞き取りのなかでも出てきたが、仲間がやめたら、次々と落ち葉が散っていくようにぼろぼろとやめていくのである。底辺校の生徒たちの勉強に対するストレスは想像以上のものだ。長年にわたって学習集団から排除されてきたという経験は、彼らをすっかり学校嫌いにしている。

表9は、二〇〇八年一二月に行った埼玉県の五〇校、一二〇〇名の生徒を対象に調査したアンケートの一つだが、進学校の生徒の高校進学の目的と底辺校の高校進学の目的には大きな差がある。進学校では四一・二%の生徒が「大学にいきたいから」入学したといっているが、底辺校の生徒は一〇分の一の四・七%である。「みんながいくから」「中学卒で就職したくない」「高卒の資格がほしいから」を合わせて四〇・六%だ。高校進学の目的で積極的な意欲を感じさせるものは少ない。

†進む貧困層のさらなる貧困化と中間層の崩壊

埼玉県の県立高校の①一九九七年入学者の減少率（中退率とみなしている）×一九九九年の減免率と②二〇〇四年入学者の減少率×二〇〇六年の減免率をもとに作成した散布図を

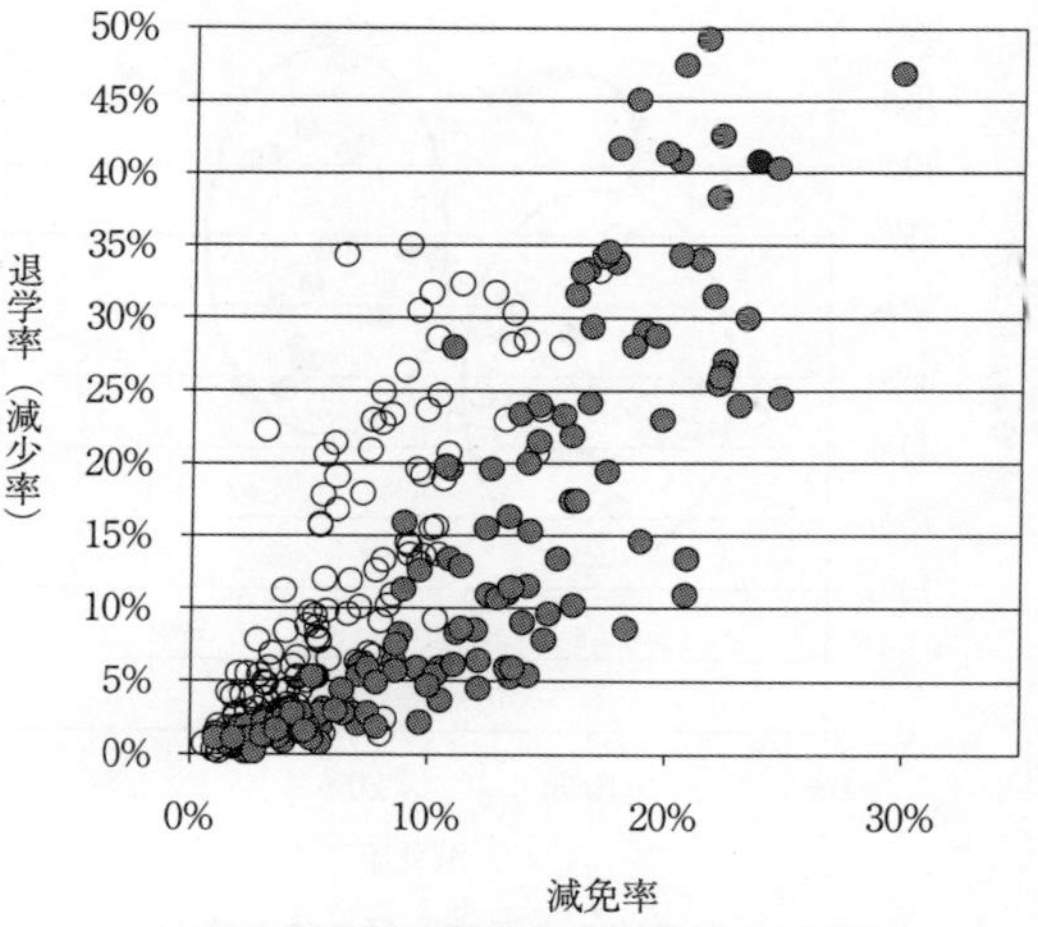

図13　埼玉県県立高校全体の中退率と減免率の変化

県立高校教諭原健司氏の協力で作成、図14、図15も同様

みていただきたい（データの都合上、年度が異なる）。①は○、②は●に該当する。

最初の図13は、埼玉県立高校全体の変化を示したものだ。八年間で全体的に大きく右上へと移動している様子がわかる。右＝減免率（貧困化）、上＝減少率（高校中退）が増加しているのである。この図だけでも、八年間の生徒の貧困と中退の密接な関係が見えてくる。散布図の●が、大きく右側に移動していることは、全体的に貧困化が進んでいることを示している。特に貧困層が集中する高校の変化が激しいが、●のばらつき具合を見るに、中間層も

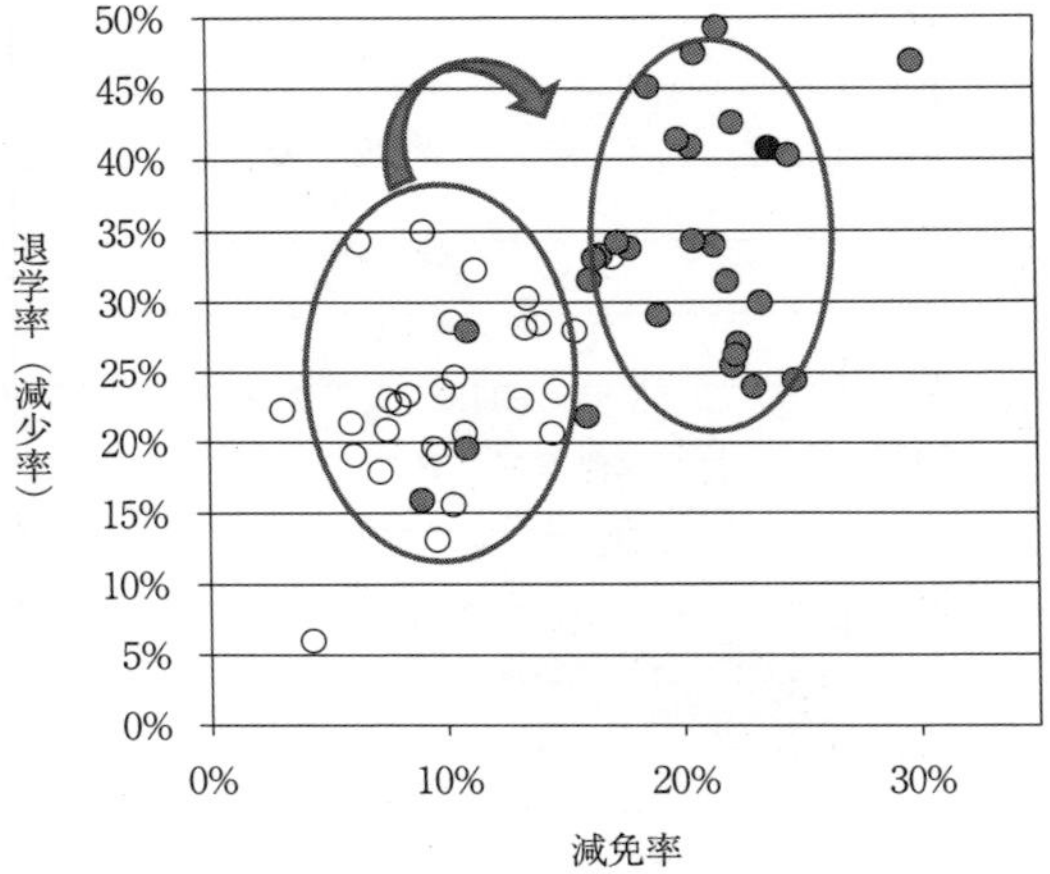

図14　底辺校の中退率と減免率の変化

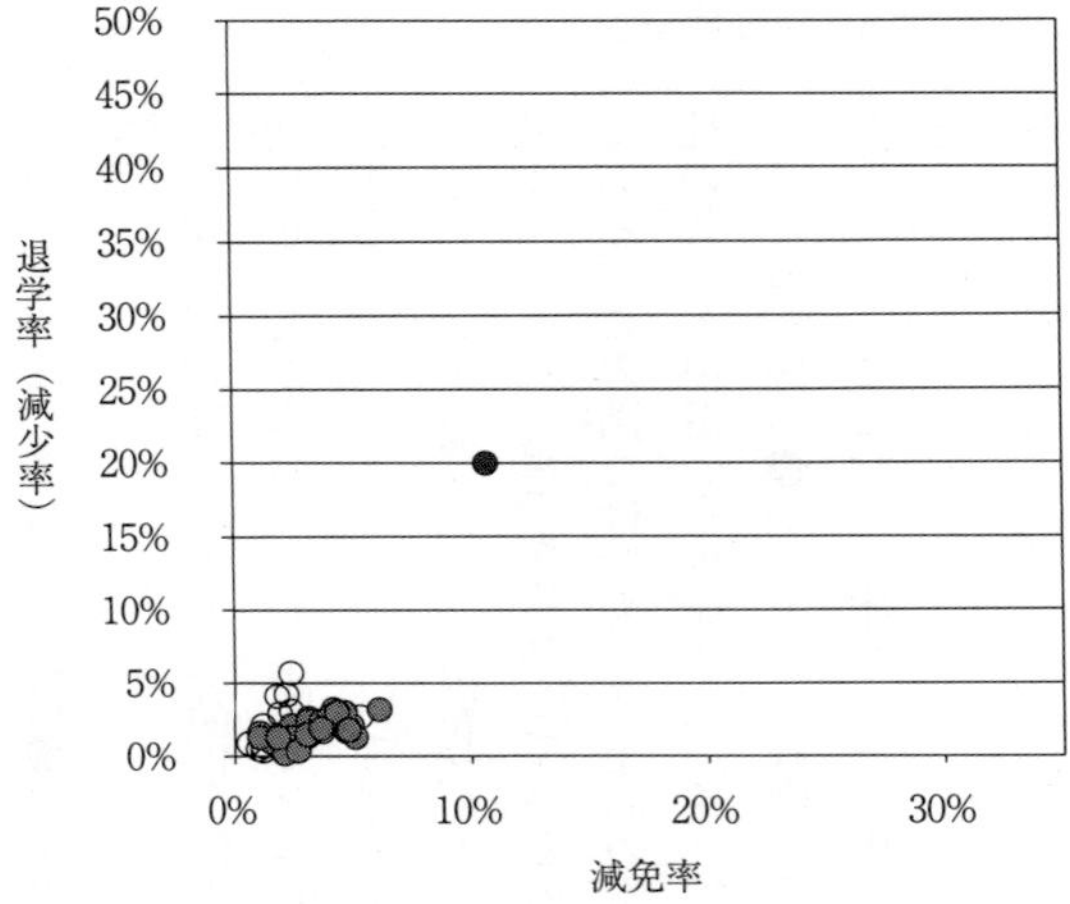

図15　進学校の中退率と減免率の変化

また全体的に大きく右側に移動している。これは中間層も分解し、半数近くの人々が貧困化しているあらわれである。

先にあげた底辺校グループG5も同様に散布図で表すと、事態の深刻さがさらに大きく伝わってくる（図14）。G5の平均は、八年間で減免率（貧困）は一〇%から二〇%へ。減少率（中退）は二三%から三三%へ大きく増えている。ほとんどの高校が大きく右へ上へと移動し、貧困化と同時に中退もまた増えている様子がわかる。G4グループでも同じような散布図ができていた。

それとは反対に進学校が集まったG1グループの散布図15をみてほしい。変化はわずかである。これらの散布図から、学力の下位層が集まった学校ほど、この八年間の日本社会の貧困化の影響をもろに受けていることがわかる。

日本の社会保障制度による所得の再分配が機能していないことが、このデータからも読み取れる。貧困世帯の若者たちへの支援は、教育面からも、雇用の面からも、生活面からもまったく行われていない。文科省や知事たちが進学競争を煽る学力テストの公開にあれほどの関心を示す一方で、日本の若者たちの貧困問題に政治も教育行政もまったく無関心である。貧困でしかも低学力の子どもたちは政治から捨てられているのである。

第六章　就学援助から中退へ

†就学援助

就学援助とは、経済的な理由で就学困難と考えられる小・中学生に対して、学校教育を受けるために必要な経費を援助するものだ。援助の対象となる費用は、学用品費、通学費、修学旅行費、給食費などである。

受給できるのは、保護者が生活保護を受けている「要保護児童生徒」と、要保護に準じる程度に困窮していると市町村が独自の基準で認定した「準要保護児童生徒」である。準要保護は生活保護基準の一・〇倍から一・三倍と自治体ごとに差がある。中でも都市部では二割以上の子どもたちが生活保護基準一・三倍以下の貧困にさらされている実態が明らかになっており、とくに、大阪府と東京都は極めて高い。

図16のグラフは全国の就学援助の一九九七年度から二〇〇七年度の状況を示している。一〇年間で就学援助率は六・六%から一三・七%に、受給者数も一九九七年度の七八万人から二〇〇六年度には一四〇万人に倍増した。就学援助の増え方と授業料の減免の増え方

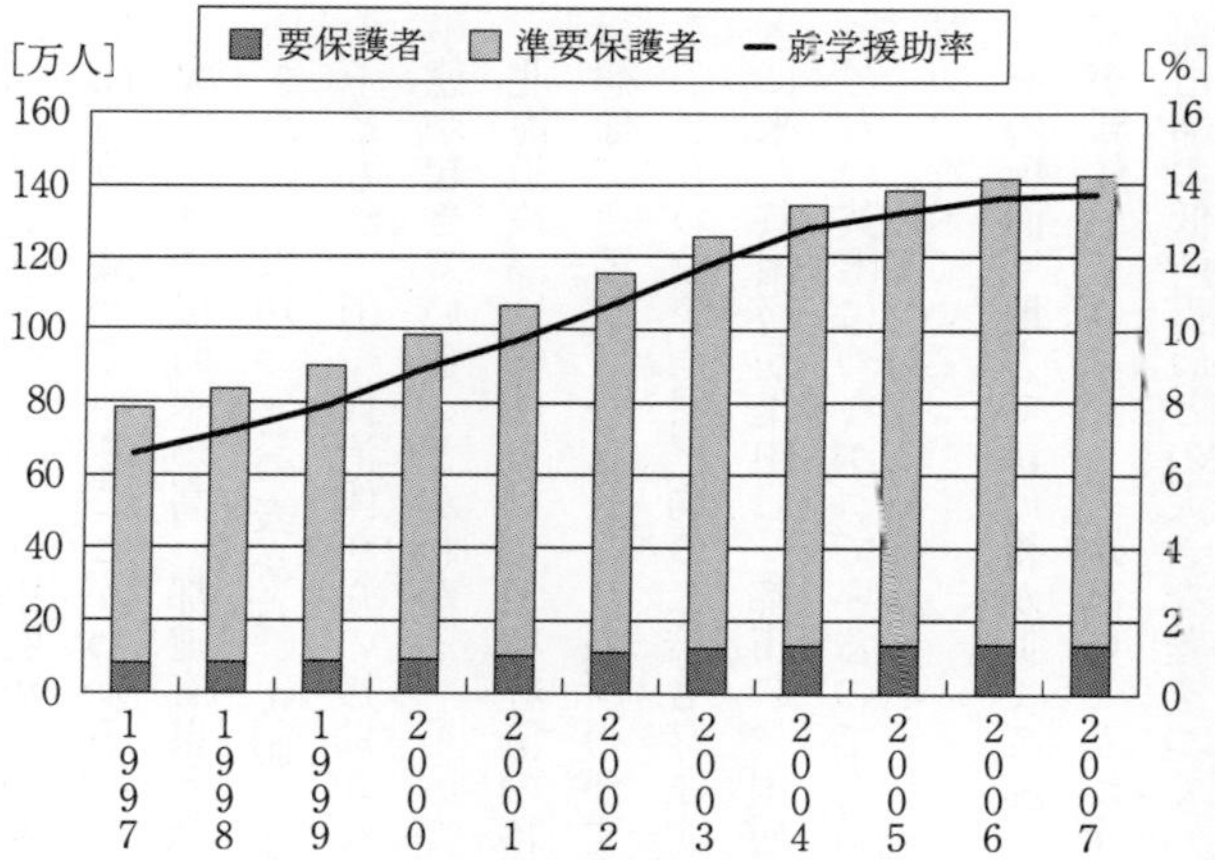

図16　全国の就学援助受給者数の推移

鳫咲子氏による「子どもの貧困と就学援助制度」より作成

はほぼ重なる。その最大の原因は雇用の規制緩和による賃金の低下と二〇〇六年度からの社会保障費二二〇〇億カットが日本の貧困層を直撃し、さらに貧困化をすすめたのである。

二〇〇五年度、政府が準要保護児童生徒への就学援助に対する補助金を廃止したために、就学援助の資格要件を厳しくした自治体が急増した。大阪府の高槻市では「準要保護児童生徒」の受給資格を生活保護基準の一・三から一・二倍程度に切り下げた結果、七〇〇人以上の子どもたちが就学援助を打ち切られた。茨木市も一・三四から一・一五へ切り下げており、全国的にこのような動きが起きている。埼玉県でも二〇〇五年度からの就学援助の認定基準が厳しくなり、認定された児童生徒の数が減っていることがわかる。

次に、就学援助率の高い都道府県と低い都道府県にはどのような特徴があるのかをみていきたい（表10）。この表から、大阪、東京という二大都市圏などでは、ほぼ四人に一人の子どもが、国や自治体からの援助がなければ義務教育すら受けられないという驚くべき事態が起きていることがわかる。

北海道や高知や山口は、地域経済の落ち込みが長く続いていることから数値が高いことは想像できるが、一人当たりの所得がずば抜けている東京や大阪で、就学援助を受けている子どもの数が全国平均の二倍も存在することには驚きを隠せない。地方から都市部に働きに来た貧困層が集中し、都市の貧困層に対するセーフティネットのなさがストレートに子どもの貧困につながっているのである。高額な教育費もその貧困と格差に拍車をかける結果になっている。

その反面、地方では所得が低くても、自宅の自己所有率が高いこと、近くに親、近親などが居住しているケースが高いことが全体としてセーフティネットとなっている。それが都市部の低所得層との大きな差をつくっている。

順位	都道府県	就学援助率(%)
1位	大阪	27.96
2位	山口	24.56
3位	東京	23.22
4位	北海道	21.1
5位	高知	20.18

順位	都道府県	就学援助率(%)
1位	静岡	4.45
2位	栃木	5.39
3位	山形	5.66
4位	群馬	5.85
5位	茨城	5.98

全国平均：13.74%

表10　上：就学援助率が高い都道府県
下：就学援助率が低い都道府県

2007年文科省就学援助実施状況調査から作成

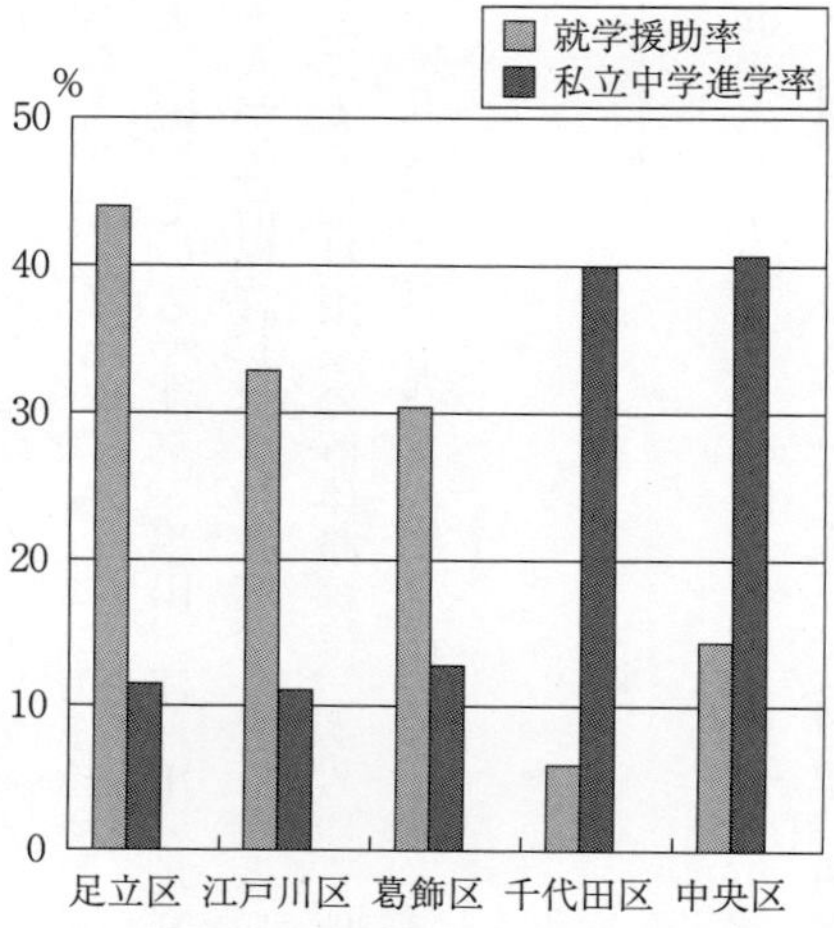

図17　都内5区の就学援助率と私立中学進学率

（就学援助率）東京都教育庁調べ

（私立中学進学率）東京都教育委員会公立学校統計調査報告より作成

図17は東京二三区の中の五つの区の就学援助率（中学校）と私立中学進学率の比較をしたものだ。二〇〇五年度の足立区の就学援助率は四四・一％で、私立中学進学率は一一・五％である。逆に就学援助率が六％台の千代田区は私立中学進学率が三九％である。

東京都の二三区の中でも、都市の中心と周縁部では、人々の暮らしにこれほど大きな格差があり、そして富の偏在が放置され、拡大し続けている。江東、墨田、江戸川、足立などの「城東地域」では子どもの二、三人に一人が生活保護レベルの家庭の子どもだという事態をどう考えればいいいか。新自由主義政策による福祉国家の解体路線は、あらゆる所に不平等と差別をつくっている（佐野眞一「一家五人で年収一九〇万円、夏休みに体重が減る子」文藝春秋二〇〇六年四月号）。

†就学援助率（貧困）と学力テストの平均点（低学力）には強い相関

東京都で二〇〇四年度に行われた小学校五年生の学力テストの四教科の平均点と小学校の就学援助率（いずれも東京二三区のもの）の相関図をみていただきたい（図18）。通常、プラスマイナス〇・七〜一の係数がみられると強い相関があるとされるが、四教科（国語、算数、社会、理科）と就学援助率の相関係数はマイナス〇・八以上であった。就学援助率

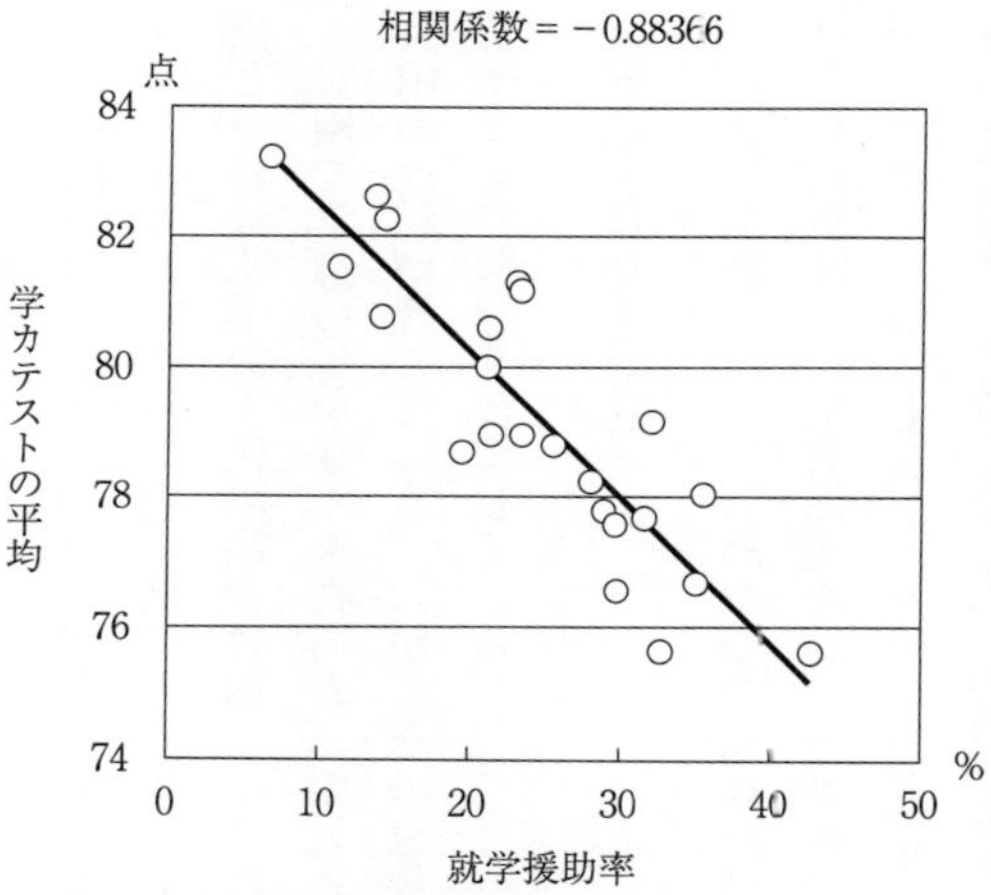

図18　就学援助率と学力テストの相関

注：○が個別の学校の数値を表す。

東京都教育委員会「平成16年度児童・生徒の学力向上を図るための調査」より作成

と東京都の学力テストは「強い負の相関」があったことがわかる。つまり、就学援助率が高ければ、平均点は低いということだ。就学援助率がもっとも高かった足立区（四二・八一％）では、各教科の平均点は二教科が二三区で最下位から二番目、残る二教科は二三区で最低点だった。逆に、就学援助率が二三区で唯一、一ケタだった千代田区（六％）は全教科で平均点が最も高かった。

家庭の経済力が学力に見事に反映しており、貧困家庭の子どもは学力でも大きなハンディキャップがあることが証明された。そうすると、学力向上のためには貧困の克服こそ必要ということになる。低学力は所得の問題だけではないが、根本として、貧困が影響していることは、この本の多くの箇所でふれてきた。

わが国では、子どもの貧困対策が行われてこなかったことは教育の現場からも見える。貧困世帯の集中する地域に低学力の子どもが集中している。しかもその層は巨大で、底辺校といわれる学力下位の高校に囲いこまれている実態も明らかになった。

貧困で学力の低い子どもたちが、学校と家族によって拡大再生産されるという、まさに貧困の連鎖が起きている。しかもその家族の持つ文化は、子どもたちの生き方や日常生活全体にまで影響を及ぼしている。

†不登校と貧困の新たな連鎖

いま、不登校は、いじめや心の問題だけでなく貧困と結びついている。二〇〇六年度、東京都板橋区で、生活保護を受ける世帯の中学生の不登校率が、生活保護を受けていない世帯の四・八倍に上ることが二〇〇九年一月報道された（毎日新聞二〇〇九年一月三〇日付）。板橋区では就学援助率、生活保護率ともに全国平均の倍以上の高さである。杉並区も二〇〇八年、同様の調査をしたら、生活保護世帯の中学生は、それ以外の生徒の四倍の不登校発生率だった。

二〇〇六年、埼玉県教育委員会が、県立の定時制高校に在籍している全生徒を対象にして「中学校時代の不登校の経験」を調査した。その結果、在籍生徒四六九一人の中で一四二〇人(三〇・二%)の生徒が不登校を経験していた。また不登校を経験した生徒のうち、三九七人は退学していたことがわかった。埼玉県教委は経済的に困難な世帯の生徒に対して「教科書の無償供与、夜食費補助」をしていたが、受給した生徒は一一四七人であった。

定時制だけではなく、全日制についても、不登校の生徒の多くが高校を中退している。埼玉県内の公立全日制高校の生徒のうち、在学中に不登校を経験した生徒は二〇〇六年度には二七三〇人だが、そのうち、一一四三人が(中学での不登校の経験は四七七人)中退している。

では、不登校の生徒は、どのような高校に集中しているのだろうか。さきほど使用した入学試験による分類をもとに、不登校の発生率を比較していく。また、それとともに授業料減免と不登校の関係をみていこう。

一九一頁と同様に、埼玉県の公立高校をG1からG5までグループにわけて、各グループごとに、二〇〇六年度の授業料減免率と不登校率を調査した(図19)。埼玉県の公立の

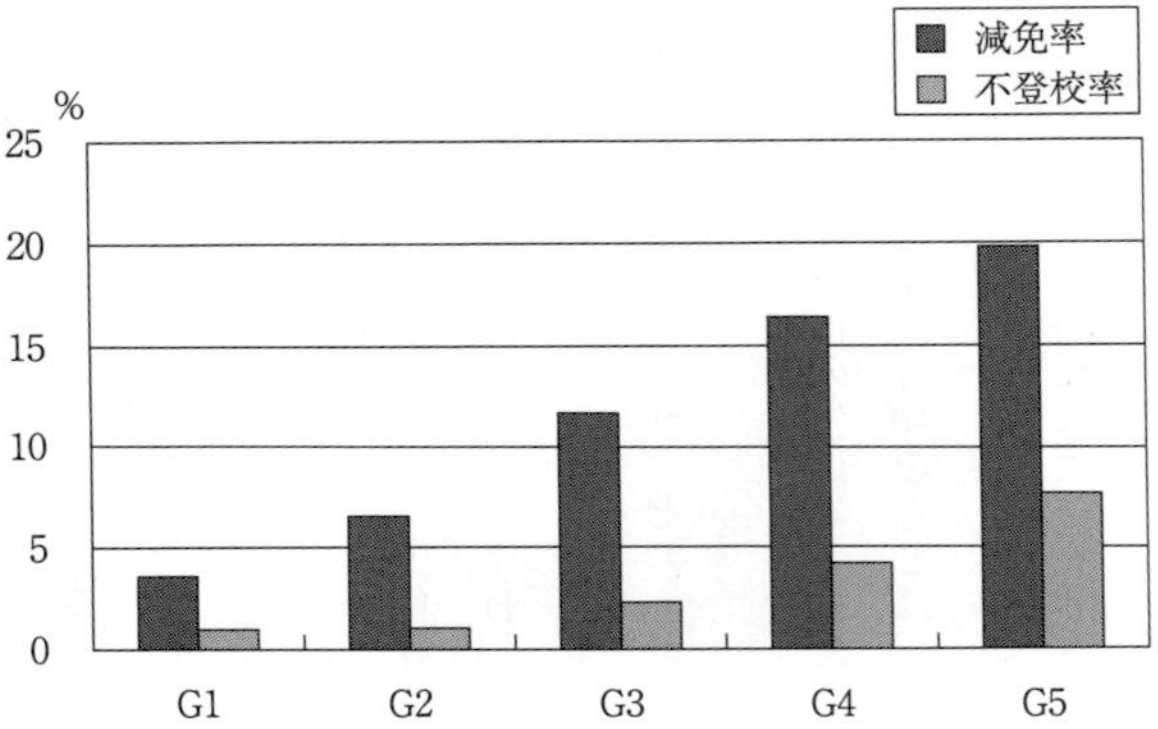

図19　埼玉県立高校の不登校率と減免率

埼玉県教育委員会財務課及び高校教育指導課資料から作成

全日制高校では二〇〇六年度、三〇日間以上学校を休んだ不登校（長欠）生徒が二・三％いる。G１からG５へと学力が低下すると不登校率も高くなっている。G１の進学校では不登校率は一％だが、G５の底辺校では八％もある。しかも、G５の高校では、不登校の生徒の半数は中退するのである。

G１の進学校からG５の底辺校へ、低学力の生徒の割合が多くなればなるほど不登校率もあがり、またすでに指摘したように、底辺校にいけばいくほど、家庭の貧困度を表す授業料減免率も増加する。したがって、生徒の低学力と不登校、そして生徒の家庭の貧困と不登校の間には密接な関連があると考えられる。

次に、埼玉県内の底辺校、県立K高校の詳細

	1組	2組	3組	4組	5組	6組	全体
各クラスの入学者	33	33	33	33	34	33	199
中退した生徒	13	17	14	12	9	20	85
卒業者	19	16	19	21	25	13	113
中学で不登校だった生徒	7	8	4	5	9	8	41
そのうち中退した生徒	5	7	4	5	6	8	35
備考	死亡1名						

表11　埼玉県立K高校での中退者と不登校の関連

な実体から、不登校、中退、貧困の関係をより具体的に説明したい。

埼玉県の県立K高校（二〇〇六年度の減免率が二四・六％、学力ではG5に位置する）に、二〇〇四年度に入学し、中退した生徒の中学での不登校経験（長欠）を表にした（表11）。この表の重要な点は、高校を中退した生徒のなかで、中学で不登校を経験してきたかどうかをあきらかにしている点にある。

二〇〇四年四月にK高校に入学した生徒は一九九人、そのうちで、卒業年の二〇〇七年三月までに八五人の生徒が中退した。次に、生徒たちの中学での不登校経験を調べた。入学した一九九人の生徒のうち、四一人が三〇日以上の不登校経験があった。全国的には、二〇〇四年度の中学生の不登校率は約三・五％であるから、K高校には約六倍の不登校の経験を持つ生徒がいたことになる。そして、K高校の不登校経験をもつ生徒四一人のうち、三五人の生徒が中退した。

もう一つ注目すべきは、K高では、四人に一人の生徒が授業料の減免を受けていたことである。K高校のような底辺校で、中学から続く不登校により中退した生徒に共通するのは生活の貧しさだ。生徒を家庭訪問した教師たちの話を聞くと、家族の生活の厳しさに驚かされたという。二室程度のアパートの一室は布団がしきっぱなしで、あまり掃除もされていないようなもう一室のテレビの前に家族が全員集まって暮らしている話が次々に出てくる。自分の部屋を持っている生徒は少ない。

K高校では四〇%の生徒がひとり親家庭（ほとんどは母子）である。母親の虐待で児童相談所に相談中の女生徒、家を出た父親が金をせびりに来るのでアルバイトで家計を支えている男子生徒、父親が金を入れないので生活費に困窮している生徒もいる。また、鑑別所や少年院に入所経験がある生徒、男関係で精神的に不安定になっている母親や、やくざのような父親をもっている生徒など、複雑な家庭事情を持った生徒が多い。

†増える中学の不登校、戦後の貧困時代を再現

最後に、戦後日本の中学生の不登校率を俯瞰的にとらえてみよう。図20は一九五二年から現在に至るまでの中学生の不登校率をあらわすグラフである。戦後、日本社会が未だ戦

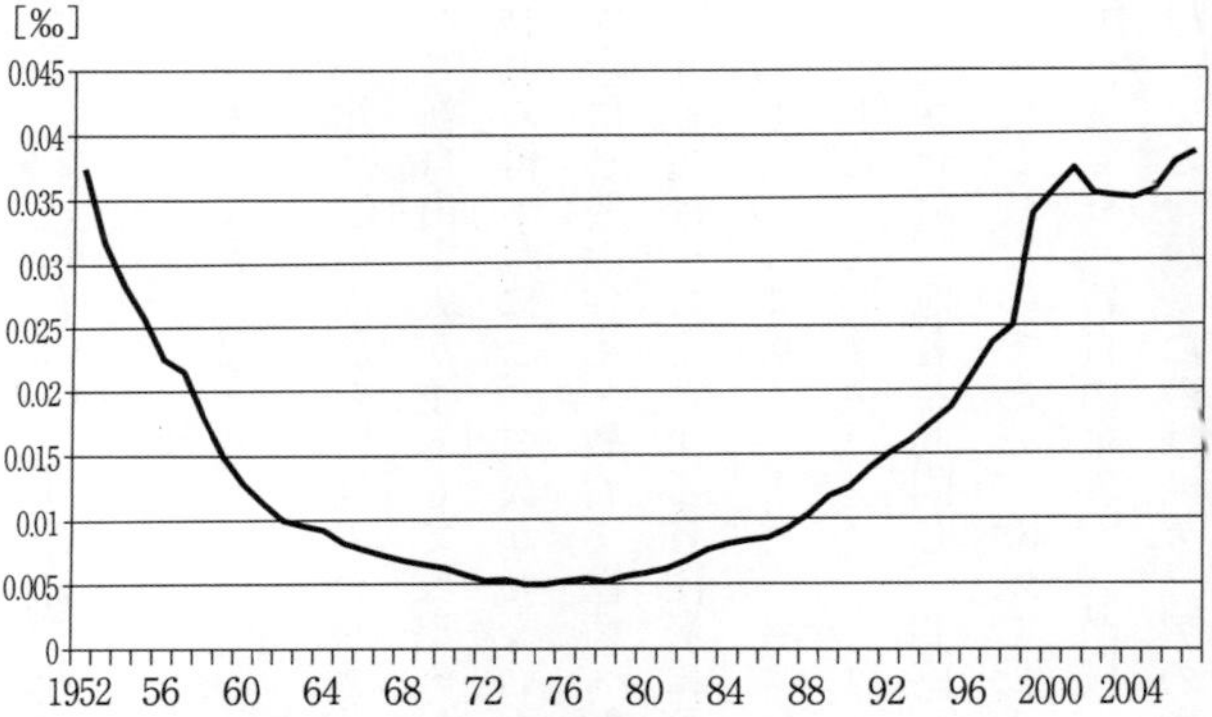

図20　戦後日本の中学生不登校率

注：1998年までは年間50日以上、1999年以降は年間30日以上で不登校とした
久富善之「再考・戦後教育史」『人間と教育』60号、（民主教育研究所）より作成

争の後遺症から抜けきれない間は、子どもたちも家庭のために働かなければならず、経済的な理由で学校に行けない子どもも多くいた。

しかし、高度経済成長と共に日本社会も豊かになり、不登校生徒も減っていく。ところが一九九〇年代初めのバブル経済の破綻が日本社会に大きな影響を及ぼすようになり、そのころから、急激に高校生の授業料の減免数や小・中学生の就学援助数も増えていくが、同時に中学生の不登校も大幅に増え始めている。一九九九年からの急激な増加は、バブル崩壊後の「失われた一〇年」に続いて、雇用の規制緩和などの構造改革が貧困な層を直撃し、貧困家庭が子どもの生活と学びを支えきれなくなった状況を示している。

第七章　終わりに——労動、地域、そして若者たちの生きがいを結ぶ教育

†子どもを貧困から守るために

一九八〇年代からの世界を巻き込んだ新自由主義の実験は、世界中に無惨な結果を残した。新自由主義が主として攻撃の対象とした福祉国家とは、資本主義の成立の要である労働力の再生産にとって欠かせないもののはずだった。ところが新自由主義は、労働力の再生産に必要な住宅・教育・医療・福祉を市場化し、福祉国家を解体することによって、もっとも福祉を必要とする貧困層に打撃を与え、さらに中間層をも分解するという結果をもたらしたのである。

それだけではもちろんない。人間を「一人で生きる孤立した存在」「競争的存在」へと変貌させた。他者と共同し、共感し、たがいに励まし合う「共生」という人間本来の資質を忘れさせたのである。欧米では十数年も前から反新自由主義の様々な運動が起きた。日本社会でも「新自由主義」「貧困」「排除・疎外」に対する抗議運動は起きたが、大きな話題にならなかったのはメディアの責任は大きい。メディアはもちろんだが学校も家庭もそ

の影響の下にあった。新自由主義の影響はそれほど大きかった。

子どもの貧困の最大の原因は、子どもの守り手である家族がセーフティネットの機能を果たしていないからである。社会保障、所得の再分配機能がセーフティネットの働きをすることで、子どもの貧困を防ぐという福祉国家における本来のシステムが、この国では機能していない。セーフティネットによって、守られている子どもと守られていない子どもがいるが、それが格差の本質である。また世界でもっとも高額といわれる教育費が子どもの格差と貧困の拡大に拍車をかけている。

高校中退、そして子どもを貧困から救うためにいくつかの提案をしたい。

第一に、高校教育を義務教育化し、授業料を無償にすることである。授業料の二倍もの教科書費、教材費なども国の負担で必要な世帯に支給する制度を創設する。現在、九八％以上の子どもたちが高校に入学しており、実質的に全入制になっている。義務化する意味は、すべての子どもたちに後期中等教育を完全に保障することであり、中退を制度としてなくすことにある。

第二に、高校教育の中身も現在の普通教育中心から専門教育中心に転換し、職業と地域をつなぐ役割をもつ職業教育中心の高校制度に転換させることが必要だ。さらに重要なことは、これからの中等教育は一旦、高校教育の機会を失った青年たちでも、年齢を問わず、再チャレンジを可能とするフレキシブルな教育システムを構築し、職業訓練機能を持たせた教育機関を全国にできるだけ多くつくることだ。また、子どもたちに学ぶ意欲を持たせるためには、教育と雇用、教育と地域が具体的につながることが可視化された教育システムであることが必要である。

第三に、貧困層の家族に対する経済的な支援、具体的には児童手当などの支援を厚くしなければならない。地域社会では、小・中学校には教育だけでなく福祉的機能をもたせることで、地域における役割を明確にする必要がある。具体的には、中学校区ごとに中学を拠点とした学校・ケースワーカー・保健師・児童相談所・ソーシャルワーカーなどが連携した取り組みが必要だ。教育から排除を受ける子どもを一人でも出さない体制づくりが必要である。ケースワーカーや保健師の増員で、守ってくれるはずの家族をもたない子どもを社会の力でまもるネットワークづくりが求められている。

第四に、当面は、小・中学校の就学援助制度と高校の授業料減免制度をさらに充実させることである。ハードルを高くして認定率を低くするのは現実に逆行している。

私の提案のように、新自由主義改革の中で「選別と競争」にさらされ、犠牲になってきた若者や子どもたちを救おうという試み、教育と労働と地域と人間としての生きがいを結びつけようという試みが、世界の各地で行われている。なかでも注目すべきは、中等学校の中退者や失業青年に何回でもチャレンジの機会を認め、就業するまで職業訓練をしようというデンマークやドイツにおける生産学校や、二〇〇七年から始まったイギリスの子ども・学校・家庭省の試みである。

イギリスの新設された子ども省は、子どもと若者に関する政策を推進し各省にまたがる若者と家族政策を調整しリードする。またすべての子どもと若者の福祉、安全、保護、世話を推進する責任を負い、それには子どもへの公的サービスの提供に関する政策も含まれる。しかも、若者の触法行為を阻止する省庁横断的な新しい重点施策を牽引し、教育、社会福祉、雇用、犯罪防止と、社会から排除された若者を社会に迎えるための対策を作り実施する総合機関である（二〇〇七年イギリス、ブラウン首相の声明による）。

このように、世界ではすでに子どもと若者たちを、消費者としてではなく、将来の社会の担い手にしようと、国と社会の責任で育てていこうという試みが始まっているのである。

子どもたちも、なんのために学ばなければならないかについて敏感になっている。他者との競争に勝つために学べと煽っても「じゃあ、そうしよう」という子どもや若者はほとんどいない。中学二年から三年になって大量の不登校が出るのは受験圧力が高まり、学校生活がつらくなるからだ。競争を自ら喜んでやる子どもはほとんどいない。

多くの子どもや若者は友だちと結びついたり、生きるために学びたいという意欲をもっている。だれとでも仲よくしたいのだ。そしていろいろ生きていく知恵を理解したいのである。友だちを蹴落し、競争に勝ち抜くことを生きがいにする子どもはいないのである。大人と教育政策がそういう気持ちに仕向けているのである。

家計の貧しさで公立高校の授業料を減免になった生徒の数が、二〇〇六年度には全国で二二万四〇〇〇人に、二〇〇七年度に就学援助を受けた小・中学生は一四〇万人、一三・七％に達し、高校生の授業料減免率、小・中学生の就学援助率とも、九七年から一〇年間で二倍を超えた。取材をした生徒や家庭、地域の状況を書いたが、この一〇年間の日本社会の変化は子どもたちに大きな犠牲を強いている。

†貧しいとは選べないこと

私がこの一年間、直接間接を含め、聞き取りした高校中退者は一〇〇人を超える。若者たちや教師たちから紹介してもらって、尋ね歩いた一年だった。一人に数時間かけて話を聞いた。一〇回近く会った若者もいる。貧困の中で沈みそうになりながら、教師や友人に支えられながら生きる若者たちの話を聞きながら、一緒に涙を流したことも一度や二度ではない。

埼玉や大阪の底辺校に勤務する教師たちには貴重な情報をもらった。貧しい人々が暮らしている街の保育士や児童福祉司らから興味深い話も聞いた。特に、困難な生活をしながら生きている若者たちを支えている教師たちの姿には「まだこの社会には子どもと共に生きる教師がいる」と何度も感動させられた。

埼玉の母子家庭の母親・久子さんが「貧しいとは選べないことなんです」と話してくれたが、それは真実だし重く受け止める必要がある。貧しいということは、日々の生活や将来を選びようがないのである。私が出会った高校を中退した若者のほとんどは、どのような人生を生きるか、選択の自由どころかその可能性すらない若者たちだった。そういう暮らしのなかから、子どもたちが意欲や希望など持てるはずがない。

高校中退した若者たちは、日本社会の周縁で生涯生きることを強いられて、社会の中の一員として認められることなく、排除されている人々である。しかも排除を受けている人々の中でも「夢がもてない」という点で中退した若者たちは最もつらい人々だった。

戦後、民法学者の末川博は、戦争で命を失うという可能性がなくなった日本の青年たちに「青年は未来に生きる」とエールを送ったが、あれから半世紀経ったが、日本社会は今度は貧困によって、青年たちの未来への可能性を閉ざしている。最近「生きさせろ！」と叫び始めた若者たちが登場している。今まで声を潜めて、周縁部で小さなコミュニティの中だけで生きてきた若者が、街の中に出てきた。その若者たちが「我々は貧しい。しかし、それは我々自身の責任ではない！　社会には我々を生きさせる責任がある」と主張し始めたのである。そんな主張は間違っているのだろうか。

†低学力は生活能力の問題

子どもたちには、何より安心して生きられる場が必要だと思う。中退した若者たちにとって、最大の不安は、識字力・計算能力がないことだ。なぜ、家庭が貧しい子どもたちはこれほどまでに学力も低いのか。低学力は生活能力の問題だということも中退後の彼らの生活の状況から理解できた。

教育に、これほどの格差ができたのは、授業料の決定と教育内容を市場に委ねたからだ。教育を市場にさらすことをやめなければならない。教育とは、社会の責任によって、すべての子どもたちに、平等に、無償で、親の所得に関係なく、子どもの未来の可能性を保障するものだ。だが、高校中退した若者たちのほとんどは、大きな不安を感じながら生きている。子どもにとって安心して学べないことこそ最大の子どもの貧困である。

教育の格差は社会をいっそう危険にする。若者たちが元気に主張することが、これからの元気な日本社会にもつながる。アマルティア・センも同じように、基礎教育が「人間の安全を脅かすほとんどの危険に対し強力な予防効果がある」とのべ、単に技術を身につけさせるための制度だけではなく、「世界の本質を、その多様性と豊かさを認識することであり、その思考及び友情の大切さを理解すること」だといっている（『貧困の克服』集英社新書）。基礎教育が他者に対する寛容性や異文化間のつながりにとってきわめて重要であることを主張している。

中退した若者やその家族の暮らしは非常につらいもので、聞き取りをした後、筆者には「いったい、この子たちはどうなるのだろう」という将来に対する絶望感しか残らなかった。ほとんどの若者が、異口同音に「夢などありませんよ」と語っていたが、そういう社会は公正な社会といえるのか。

若者たちの一番近くにいる教師の責任は重い。仕事も金も生きていくための資格もなにも持たず、「おれたちはもう無理だ」と、社会の片隅でじっと肩をすくめながら生きているような若者と社会をつなぐことができるのは教師だ。孤立した若者を見つけ、手をさしのべ、社会とつなごう。それが教師の仕事だ。今、多くの教師たちもまた、「競争の教育」の中にどっぷり浸かって、それがどのような社会につながっているか、考えることをやめている。競争の中に放り込まれ、ゴールまで走りきることができる子どもたちが今の日本社会でどれほどいるのか、考えればすぐ結論が出るではないか。教師の仕事は子ども社会を分断することではない。

中退した若者たちの親もまた、貧困の中で育ってきた。日本の貧困は特定の階層に固定化している。日本社会は階層移動ができない社会になっているのである。階級社会の成立といってさし支えないのかもしれない。

中退後の若者たちは不安定雇用と低賃金の連続で貧困の蟻地獄の中にいた。高校を中退したあとの彼らの生活はきびしい。正規雇用の可能性はほとんどない。生涯にわたって、アルバイトなど非正規雇用と失業がくりかえし続く。

貧困のなかで、小学校段階から学校でも家庭でも「お荷物」扱いされ、学習集団から排除されて来た若者たち。教室にはほとんどいなかったという若者も驚くほど多かった。聞き取りの中に登場した彼らの子ども時代はまさに排除の連続だったといって過言ではない。多くの子どもたちが家庭でも学校でも大切にされた、愛されたという体験がない。そんな子どもたちに教師や学校はどのように接していけばいいか。現実は、そういう子どもたちの排除はこれからも続くのである。また、貧困の中で孤立しがちな親たちに対して社会はどのように対応すればいいのか。

このようにしてつくられる孤立はかならず、世代から世代への貧困の連鎖を生む。この貧困は所得や経済的な貧困にとどまらないものだ。関係性の貧困、文化創造の貧困などから生きる意欲を持てない「生の貧困」へと深刻さを増していく。

若者の貧困、社会的排除は、社会全体を衰弱させる。そういう意味からも若者たちの貧困は日本社会の最大の問題である。日本では同じ年に生まれた子どもたちの一〇％が毎年、社会から棄てられているのは明らかに高校教育という制度が破綻していることを示している。高校中退はすでに単なる教育問題ではなく我々の社会が抱える最大の社会政策課題の一つになっていると考えなければならないのである。

あとがき

都内の風俗店で働く美保さんのことを最後に紹介したい。美保さんは関東地方の南部の町の生まれで今一八歳だ。小学校のころから、実父のＤＶにさらされ続けた。両親の離婚後、母親の実家に戻り一旦は落ち着くが、それからも二人の義父の虐待にあった。中学二年の時に児童養護施設に入り、施設から高校に通った。しかし、彼女にとって施設は「グチグチうるさい」だけで、普通の家にいたくて、男の子の家を泊まり歩いていた。

高校を二年で中退してからは施設にもいられなくなった。その後、男と同棲したり、寝場所がなくて児童相談所の一時保護所に行ったり、毎日の寝場所を探し歩く生活をしてきた。美保さんは最近増えている少女ホームレスの一人となった。

二〇〇九年の春からは風俗店で働き、毎日、一〇人近い男たちに性を売る生活をしているが、寝るところはあるし、食べられるし、今が一番いいという。

美保さんのような若者は数多い。この国は、子どものころから大人の暴力にさらされて家族を失った少女が、身体を商品にして食べていかなければならないという状況を放置している。彼女たちは家族だけでなく国からも棄てられているのである。

私がもっとも尊敬する高校教師に、三八年間の教師生活のほとんどを、九九も言えない、アルファベットも書けない、そんな生徒が大量に入学してくる「底辺校」で教えてきた白鳥勲という理科教師がいる。白鳥さんが退職まで勤務した学校は、入学した生徒の半数が中退していくような県立高校だった。その底辺校の生徒たちの高校生活や家庭生活、中退した後の話を白鳥さんから日頃、聞いていた。

そんな白鳥さんのところに二〇〇八年の春ごろからNHK社会部の大河内直人記者が通っていた。なぜ、これほど多くの高校生が中途退学するのか疑問をもち、取材を始めていた。高校中退する生徒は、学力と学習意欲がないからやめていくのであって、それは本人の努力不足、というのがそれまでの高校中退に関する常識だった。しかし、大河内記者は白鳥さんのところに通う中で、これほど多くの高校生が中退していくのは、彼らの努力不足という理由だけでは説明できないのではないか、もっと大きな要因それは生徒の貧困が原因になっているのではないか、そういうことに気づき始めていた。

二〇〇八年の二月末、その日は比較的暖かい日だった。白鳥さんから私を紹介された大河内記者は、当時私が勤務していたJR高崎線の北上尾駅前にある上尾高校にやってきた。ほとばしるような才気とやる気満々の様子が私をみる目から伝わってきた。彼の話は、高校生の中途退学と貧困問題を取材したいので協力してくれないかということだった。

白鳥さんから前もって話を聞いていた私は、二〇〇〇年に日本教育法学会の『講座現代教育法』に書いた「深まる階層化の中での高校改革」という論文のコピーを彼に手渡した。私の主張は、生徒の学力の低さと中途退学は貧困が原因というものだ。それを、埼玉県の一六二校（当時）の県立高校の「生徒の減少率（中退率）―（学習からの排除）」「授業料の減免率―（生徒の貧困）」の対照表をつくって、減少率（中退率）の高い高校から並べると、ずらっと減免率の高い順に並び、強い相関を示すことを証明したのである。

その論文を一目見て、大河内記者はもう一度新しい資料をつくってくれないかと私に頼んだ。それから私はデータ集めと同時並行で中途退学をした若者たちを探し始めた。俯瞰的に中退と貧困の関連を示すことができるデータだけでなく、具体的にどういう事情で中退したのか、家庭や親の状況は、小学校のころからの学校生活はどうだったのか、中退した後の生活などの証言が必要だった。

中退した生徒を紹介してもらえないか、と片っ端から底辺校の教師にお願いしたが、ほとんどの教師は、中退した生徒とまったく連絡をとっていなかった。

それでも、中退した後でも会いにいく教師がおり紹介されたが、見ず知らずのよその学校の教師から会いたいといわれて「はい、わかりました」という返事をしてくれる若者などいない。しかし、お願い続けているうちに、わずかだが会ってもいいという若者の情報が入ってきた。そういう時にはどこへでもICレコーダーをカバンに入れて出かけた。

一人の若者の話を聞くのは平均すると二時間を超えた。中には二回、三回と会った若者、今でも、親に追い出されたとか、食べていないとか、仕事がないとか、そういうメールが来る若者もいる。ひとりひとりの若者の顔がしっかり私の心の中に刻まれていった。

まず最初に、二〇〇八年六月末に大河内記者が担当した『ニュース・ウオッチ9』の特集が放送された。その後、新聞各社が次々に特集を組んだ。特に、『NNNドキュメント高校中退』(〇九年三月八日放送)は、企画から埼玉、大阪などの取材で半年かけて作られた作品だが、担当した日本テレビの窪岡文男ディレクターのドキュメンタリーづくりにかけた意気込みとヒューマンな映像づくりには様々な場面で感動した。

中退した若者を探して首都圏と関西を歩いた一年だった。中退した若者たちの目から日本社会がどう見えるのか、それを考えながら一年が過ぎた。しかし、この研究・調査はまだ終わらない。

一九九八年と二〇〇八年の二回、埼玉県の高校生、一二〇〇名にアンケート調査したが、これは埼玉県立高校教諭の原健司氏との共同作業である。原氏は統計の専門家で様々な点で協力してもらった。また、埼玉県、大阪府、関東近県の多くの教師や保育士、児童福祉司には貴重な情報や意見を聞かせていただいた。心から感謝したい。しかし、なにより感謝しなければならないのは話を聞かせてもらった若者たちだ。虐待や貧しさなどつらい体験も話してもらえた。

貧しさは人間を壊すことであることを知った。若者の貧困への処方箋は日本社会には今、何もない。しかし、私はこれからも、どうすれば貧しい若者に支援ができるか考えていきたい。

筑摩書房の若き編集者、橋本陽介さんには大変お世話になった。資料が多く、一年近くかかった手数のかかる作業だったが、この本がなんとかできたのは橋本さんの誠実な援助によるものだ。お礼を申し上げたい。

この著作のために多くの資料をつくった。時間がかかる数値の確認やグラフづくりなど、その作業のほとんどをパートナーの青砥芳子に依頼した。そういう意味では共著といえるのかもしれない。私は今春で二十数年の高校教師の仕事をいったんは終えたが、教師生活だけでなく、地域の学習集団づくり（子育てと教育を語る会）や長年の研究活動など自由に教師生活を送ることができたのは家族の励ましのおかげだ。心から感謝したい。

二〇〇九年八月一日　　青砥　恭

ちくま新書
809

ドキュメント 高校中退《こうこうちゅうたい》
——いま、貧困《ひんこん》がうまれる場所《ばしょ》

二〇〇九年一〇月一〇日 第一刷発行
二〇二〇年 五 月二〇日 第一〇刷発行

著者 青砥恭（あおと・やすし）
発行者 喜入冬子
発行所 株式会社 筑摩書房
東京都台東区蔵前二-五-三 郵便番号一一一-八七五五
電話番号〇三-五六八七-二六〇一（代表）
装幀者 間村俊一
印刷・製本 三松堂印刷 株式会社

ISBN978-4-480-06511-7 C0237

ちくま新書

659
現代の貧困
――ワーキングプア／ホームレス／生活保護
岩田正美
貧困は人々の性格も、家族も、希望も、やすやすと打ち砕く。この国で今、そうした貧困に苦しむのは「不利な人々」ばかりだ。なぜ？ 処方箋は？ をトータルに描く。

673
ルポ 最底辺
――不安定就労と野宿
生田武志
野宿者はなぜ増えるのか？ フリーターが「若者」ではなくなった時どうなるのか？ 野宿と若者の問題を同じ位相で捉え、社会の暗部で人々が直面する現実を報告する。

617
下流喰い
――消費者金融の実態
須田慎一郎
格差社会の暗部で弱者を貪り肥大化した消費者金融。その甘い蜜を求め大手銀行とヤミ金が争奪戦を演じる……。現代社会の地殻変動を活写した衝撃のノンフィクション。

781
貧困化するホワイトカラー
森岡孝二
非正規化、過重労働、成果主義、自殺……。人を死に追いつめるホワイトカラーの仕事とはなんだろうか？ その困難の背景に切り込む。すべての働く人に、必要な一冊。

728
若者はなぜ正社員になれないのか
川崎昌平
日雇いバイトでわずかの生活費を稼ぐ二六歳、無職。正社員めざし重い腰を上げるが数々の難関が行く手を阻む。彼は何をつかむのか？ 実録・フリーターの就職活動。

429
若者はなぜ「決められない」か
長山靖生
なぜ若者はフリーターの道を選ぶのか？ 自らも「オタク」として社会参加に戸惑いを感じていた著者が、仕事観を切り口に、「決められない」若者たちの気分を探る。

720
いま、働くということ
大庭健
仕事をするのはお金のため？ それとも自己実現？ 不安定就労が増す一方で、過重労働にあえぐ正社員たち。現実を踏まえながら、いま、「働く」ことの意味を問う。